KB105520

공부 중독

공부 중독

공부만이
답이라고 믿는
이들에게

엄기호

×

하지현

위고

공부의 식민지가 된 삶에 대하여

엄기호

나는 공부의 자식이다. 공부하는 것을 좋아했고, 공부로 지금
에 이르렀고, 공부로 먹고살고 있으며, 앞으로도 공부를 계속
하며 살 것 같다. 공부를 싫어하지 않는다. 더 솔직히 말하면
공부하는 걸 재미있어하는 사람이다. 가르치는 걸 좋아하고
가르치면서 더 많이 배우고 그럴 때마다 다른 것으로 대체되
지 않는 기쁨을 느낀다. 그런 의미에서 나는 더하고 뺄 것 없
는 공부의 자식이다.

그런데 나는 요즘 공부하는 게 재미없고 가르치는 게 고역
이다. 책을 읽어도 별 감흥이 없으며 학생들에게 내가 배운 걸
이야기해줄 때도 쾌감이 없다. 배우고 가르치는 게 기쁜 일이
아니라 억지로 하는 일이 되었다. 공부가 이렇게 무의미하다
고 느껴본 적이, 공부를 매개로 해서 사람을 만나는 일이 이
렇게 지겹기만 한 적이 없었다. 그 살벌한 입시 경쟁을 치렀던

고등학교 때도 느껴보지 못한 낯선 감정이다.

　내가 이런 느낌을 가지게 된 것은 공부가 삶의 문제를 해결하는 데 도움이 되기는커녕 외려 삶을 질식시킨다는 생각을 가지게 되면서다. 강의실에 들어서면 나는 한 마리의 '똑똑한 원숭이'가 된 느낌이다. 내가 펼치는 '화려한 언변'과 '풍부한 사례'에 학생들이 감탄한다. 그런데 그 감탄하는 눈동자들 속에서 배움과 성장을 찾기가 힘들다. 짝짝짝. 서커스 보고 박수치고 사라지는 느낌이다. 관객이 떠나고 난 다음 빈 서커스장에서 목에 족쇄를 차고 앉아 있는 원숭이가 된 느낌을 떨쳐버릴 수 없다.

　가르치는 내가 이런데 배우는 학생들의 입장은 어떨까? 학생들을 만나서 이야기해보면 그들 역시 원숭이가 된 느낌이라고 한다. 배우긴 배우는데 뭘 배우는지 모르겠고, 배웠기는 배웠는데 할 줄 아는 건 없다. 배워서 알면 그 아는 것을 익혀서 할 줄 아는 것으로 만들어야 하는데 할 줄 아는 것으로 만드는 익힘의 과정은 공부에서 실종된 지 오래다. 그래서 나보다 잘난 원숭이가 떠드는 말을 머리에 쑤셔 넣고 경탄하고 끝난다. 그리고 다음 원숭이의 말을 머리에 채워 넣기 위해 서둘러 다른 강의실로 떠난다.

　이런 공부의 과정은 삶의 무능력자들만 체계적으로 양산하고 있다. 똑똑하되 멍청하며, 언변은 좋되 무능하다. 시험 문제는 잘 풀되 삶의 문제를 대처하는 능력은 형편없으며, 남을 품평하는 데는 날카로운 날을 세우되 자신을 성찰하는 데는 무디기 짝이 없다. 하나를 배워 다른 하나에 적용할 줄 아는 게 아니라 다른 하나가 내가 배운 하나와 다르면 멘붕하고 열폭한다. 그건 배운 적이 없기 때문이다. 그래서 우리는 배울수록 무능력해지고, 배울수록 화만 내는 처지가 된 것인지도 모른다.

이럴수록 사람들은 더 '공부'한다. 공부만 한 것이 문제의 근원인데 그 문제를 해결하기 위해 다시 공부를 하는 격이다. 자기 자식과 문제가 생기면 자식과 머리를 맞대고 문제를 풀거나, 혹은 서로 감정을 가라앉히기 위해 떨어져 있는 시간을 충분히 가져야 하는데 반대로 상담을 공부하러 간다. 상담을 공부해서 자식을 대하는 기술이 늘어나면 문제가 해결될 것이라고 생각한다. 물론 그 결과가 좋을 리 없다. 애초에 상대를 그렇게 공부를 통해 배운 기술을 적용할 수 있는 대상으로 생각하는 것이 문제였으니 말이다.

공부가 재미없어진 이유가 여기에 있다. 어느 순간부터 공부가 삶의 문제를 푸는 도구가 아니라 삶을 식민화한다는 것을 깨달았다. 공부를 하면 언어를 배우게 된다. 세상을 읽고 삶을 해석하는 언어가 늘어나는 것이 공부의 과정이다. 예를 들면 '구조'라는 말을 알 때와 그러지 못할 때 세상을 인식하고 설명하는 방식은 획기적으로 달라진다. 공부는 사실 이렇듯이 세상을 읽고 삶을 해석하는 언어라는 좋은 도구를 획득하는 과정이다. 그런데 이 과정에서 치명적인 부작용이 일어난다. 세상과 삶이 지나치게 단순화되고 추상화된다는 것이다. 세상의 그 어떤 언어도 삶을 그 자체로 풍부하게 재현할수 없다. 모든 재현은 불가피하게 삶을 추상화하고 규격화한다. 이 규격화의 과정에서 자칫하면 삶이 도식적인 것으로 분해되고 내가 겪었던 경험은 형해화된다. 대신 그 자리를 개념들이 차지하면서 나의 경험은 일반화(보편화가 아니라)되는 경우가 종종 벌어진다. 구체적 삶은 왜소해지고 대신 이미 주도권을 가지고 있는 어떤 개념들이 그 구체적 삶의 자리를 분해한다. 나의 삶은 그 개념들의 지식 권력의 정당성을 확인해주는 도구에 불과한 것으로 전락한다.

내가 아는 공부는 반대였다. 어떤 지식 권력의 정당성과 주도권을 확인해주는 것이 아니라 그것에 도전하는 것이 공부였다. 삶은 언제나 지식보다 풍부한 것이고, 언어에 도전하는 것이었다. 사람들의 이야기를 듣고, 사람들이 자기 이야기를 하기 위해 노력하는 과정에서 이미 권력화한 지식에 포획되지 않은 '삶'을 포착하려는 것이었고 그 삶이 지식으로부터 벗어나려는 몸부림이 공부였다. 그랬기에 공부는 생동감이 넘치는 것이었다. 삶이 공부의 식민지가 아니라 공부가 삶의 도구였다. 그런데 이런 삶의 도구로서의 공부가 어느 순간부터 내 옆에서 사라졌다. 나 또한 그런 공부를 어떻게 하는지를 잊어버린 것처럼 공부한 것으로 삶을 설명하는 것에 익숙해져갔다. 그건 참으로 편리한 것이었고 편리한 만큼 유혹적이었다. 무엇보다 이런 공부는 '공부는 열나게 하지만' 삶에 대해 '생각은 하지 않아도' 되게 만들었다. 공부한 것으로 적당히 적용하기만 하면 되었기 때문이다. 그러면 자판기에서 캔음료가 나오듯이 삶은 적당히 설명되었고, 그 설명된 것만으로도 지식을 팔아 먹고사는 데는 지장이 없었다.

나는 하지현 선생과 이 대담을 하면서 이렇게 삶이 공부의 식민지가 되는 것, 즉 공부 중독 현상이 나만, 내 강의실에서만 벌어지는 것이 아니라는 것을 깨달았다. 한국이라는 나라 전체가 빠진 모순이라는 걸 알게 되었다. 더구나 문제가 심각해질수록 공부 중독에서 벗어나는 것이 아니라 더 심하게 중독되는 악순환에 빠져 있다는 것을 알 수 있었다. 사회학자 바우만이 말한 것처럼 상담이 아닌 공부가 지향하는 것이 개별성이 아닌 보편성이라고 한다면, 이 대담은 나로 하여금 내가 빠진 현실이 보편적인 것임을 깨닫게 하는 과정이었다. 그래서 나는 이 대담에서 오랜만에 공부의 기쁨을 느낄 수 있었다.

다시 강조한다면 공부의 기쁨은 보편성의 발견이다. 내가 처한 현실이나 난처함이 나만의 것이 아니라 이 시대 대다수의 사람들이 모두 겪는 일이라는 걸 깨달아가는 과정이 공부의 과정이다. 동시대성을 발견하는 것이 공부의 목적이라는 말이다. 시대의 암흑이라는 동시대성을 발견하고 그 문제를 공동의 노력으로 해결해가려고 하는 과정에서 동시대인이 형성된다. 이 동시대인을 형성해가는 것, 그것이 공부가 무능력한 개체들이 아니라 삶의 문제를 해결하는 주체를 형성해가는 과정이며 우리가 공부를 하는 이유가 될 것이다.

나는 이 책에서 하지현 선생과 함께 우리에게 공통의 것으로 주어진 동시대성을 공부를 화두로 찾아보려고 했다. 공부가 우리 시대에 어떤 의미를 가지고 있고, 그것이 우리를 어떤 상황으로 몰아가고 있는지를 점검해보려고 했다. 이 동시대성을 자각하는 동시대인을 지향하기 위해서 때로는 세대론이라는 방편을 쓰기도 한다. 세대론은 한 특정 시기에 태어난 동년배들의 문화적 특성을 집단화하지만 그 집단화는 종국에는 동시대인이라는 보다 큰 보편성 속에서 용해되어야 한다고 나는 믿는다. 이런 이유에서 이 책에서 때로 나는 '요즘 애들론'과 같은 이야기를 풀어내지만 그건 이 동시대인으로 가기 위한 방편이지 결코 그걸 지금 청년 세대의 특성으로 본질화하기 위한 것이 아니라는 걸 강조한다. 이 사회가 바뀌어야 한다고 생각한다면 우리가 지향해야 하는 것은 동시대성의 발견과 그 동시대성에 공동으로 대결하는 동시대인의 형성이기 때문이다.

차례

이 대담집은 네 차례에 걸쳐 진행된 대담(2015년 8월 10일, 9월 2일, 9월 18일, 10월 2일)을 엮었습니다.

1부

»

공부에 중독된 아이들

죄수의 딜레마

하지현 엄 선생님의 『교사도 학교가 두렵다』에 깊은 감명을 받아서 언젠가 선생님과 교육에 관한 이야기를 나누고 싶었어요. 우리 사회에서 공부라는 담론은 진공청소기 같은 역할을 하고 있다고 생각해요. 공부가 전 연령대 사람들의 '마음고통'의 공통분모라고 할까?

　한마디로 우리 삶이 공부로 점철되어 있죠. 예전에는 상상조차 할 수 없을 아주 어린 아이 때부터 공부를 시작해요. 왜 해야 하는지도 모르는 채. 그렇게 초등학교부터 열여덟 살까지는 좋은 대학에 가기 위해 죽어라 공부만 해요. 친구도, 취미도, 뭣도 중요하지 않고, 성적에 의해서 '나'라는 사람의 존재 가치가 매겨지는 삶을 살고 있죠. 대학에 들어간다고 끝이 아니에요. 세칭 일고여덟 개의 스펙을 따기 위해서 또 공부를 하죠. 하다못해 연애도 공부라는 생각을 해요. 심지어 학원에 가서라도 배워야 한다고 생각한단 말이죠. 그리고 가정을 꾸린 다음에는 더 좋은 교육만이 아이가 살 길이고, 그 길이 자신의 노후 보장이라고 생각하면서 이제는 공부를 잘 시키는 일에 매진하죠. 요새 그런 말이 있죠. 대치동에서 자란 아이가 부모가 되어 다시 대치동에서 아이를 키운다. 또, 아이를 다 키운 다음에는 결혼을 잘 시키겠다고 결혼정보업체에 가서 강의를 듣습니다. 가히 나라 전체가 공부 중독에 빠져 있다고 할 수 있어요.

그런데 여기서 문제가 생겨요. 일단, 학군에 의해서 아파트 값이 결정되고, 이로 인해 주거비가 상승하니 부동산 문제가 발생하죠. 과도한 사교육비 지출로 웬만큼 벌어도 빠듯한 삶을 살아요. 이것이 결국에는 자신의 미래를 갉아먹는 거죠. 결국 노인 빈곤의 원인이 됩니다. 지금 우리나라의 사회문제라고 하는 것들이 하나하나는 노인 빈곤이다, 사오정이다, 오륙도다, 청년 실업이다, 우울한 대학생이다, 청소년들 자살이 많다, 소아 ADHD다 그러는데—사실 소아 ADHD도 옛날 같으면 공 차고 놀러 다니면 되는 일인데 공부 압력 때문에 별 문제 없는 아이들이 저능아에 문제아가 되어버리는 거죠—그런데 이 현상들을 들여다보면 그 핵심 고리가 공부라는 생각이 들어요.

공부라는 이슈가 전방위적으로 얽혀 있다고 할 수 있죠. 그래서 공부 문제를 풀어야 한다고 확신하게 되었어요. 지금 우리가 공부라는 것에 대해서 정리하고 이와 얽혀 있는 부분을 푸는 게 우리 사회 전반, 2015년 현재 한국에 살고 있는 전 연령대 사람들의 문제를 풀 수 있는 고리가 될 거라는 생각이 들었습니다.

엄기호　저는 개인적인 이야기를 먼저 해볼게요. 개인적인 사정으로 한동안 쉬었습니다. 번 아웃되었다고 할까요. 그러고 나서 6개월 만에 다시 학교에 가서 학생들을 보니 이전과는 다르게 보이더라고요. 이전에는 학생들을 보면서 내가 잘 가르치면 된다고 생각했어요. 강의를 열심히 하고, 학생들을 격려하면 된다고 생각했죠. 그런데 내가 학생들을 잘 가르치는 것과 무관하게 진행되고 있는 게 보이더라고요. 내가 아무리 잘 가르친다고 해도 이 학생들의 상태 때문에, 그러니까 이전에도 분명 있었겠지만, 예전에 비해 아픈 학생들이 너무 많이 보였어요. 정말 많더라고요. 불안장애, 우울증, 분노조절장애….

하지현　강의라는 게 그렇게 큰 텐션이 아닐 텐데, 강의 시간 정도의 텐션에서 그렇다는 거잖아요? 그리고 그걸 선생님이 느끼실 정도라는 거죠? 그렇다면 작은 수는 아니네요.

엄기호　예, 그렇죠. 저는 강의 시간에 주로 어떤 학생들에게 주목하느냐면 소심하고, 조용하고 그렇지만 단단한 학생들, 강의 들으면서 살짝살짝 웃는 학생들, 그런 학생들에게 코멘트 달아주면서 격려하고 그러면 바뀌거든요. 이전에는 그런 학생들이 주로 보였어요. 그런데 잠시 쉬고 돌아오니 상태가 안 좋은 학생들이 보이면서 이 학생들이 궁금해지는 거예요. 왜 이럴까, 어느 정도일까? 제가 교육을 통해서 이들을 고칠 수 있다고 생각해서가 아니라 그냥 이 학생들의 얘기를 들어보고 싶었어요. 그런데 들어보니 상처가 너무 커요. 내가 짐작하던 상처하고는 다른 수준의 어떤 상처….

하지현 아이들이 망가지고 있어요. 계속 벽에 부딪히면서 금이 가다가 부서져버리는 것 같아요. 서울대에서 수능 만점자는 흔하대요. 고등학교 3년 내내 하나도 틀리지 않는 연습을 하다 오는 거죠. 완벽을 기하는 것 자체가 나쁜 것은 아니에요. 하지만 만점이 흔하게 되면 생기는 문제가 틀리는 것에 대한 본능적 두려움이 생기는 거예요. 십여 년 공부 생활에 몰입하다 보면 어느덧 그 방식이 삶의 기본 태도가 될 가능성이 많아요.

　이런 아이들을 보면서 따라가는 중간 트랙의 아이들 또한 다르지 않아요. 나름의 성취를 해도 만족하거나 성취감을 느끼기 어렵습니다. 그러니 자기가 투입한 노력에 비해 돌아오는 것은 항상 너무 적다고 여기게 되죠. 이 역시 삶의 방식이 됩니다. 세칭 '노오오력이 필요해'란 말이 그런 심리에서 비롯된 것이라고 봅니다. 그렇게 살면서 좌절만 경험하다가 삶의 태도가 망가지기만 하고, 그렇다고 취업이 잘되는 것도 아니고, 당연히 행복한 것도 아니죠.

　그런데 지금의 교육 문제가 심각하다는 것은 모두가 공감을 하지만 아무도 이 문제에 방울을 달고 있지 않기 때문에 문제는 그 방향으로 더 심각해지고 있어요. 미국식 표현으로 '잔디깎기 맘'이라는 말이 있어요. 부모가 먼저 잔디깎기 기계로 풀을 깎아줘서 아이가 갈 길을 먼저 열어준다는 뜻이에요. 그런데 길을 열어준다는 게 과연 어디까지일까요? 아이가 망가지더라도 예일대학교에 들어가면 좋겠다는 부모의 솔직한 욕망을 드러내는 인터뷰를 읽은 적이 있는데, 우리도 비슷하지 않을까요? 아이가 일단 서울대에 들어가기만 한다면 들어가서 낙제를 하고 힘들게 산다고 해도 상관없다는 엄마들 말이에요.

이런 욕망 때문에 우리 사회는 부질없는 돈 지랄, 에너지 지랄의 세계가 되었어요. 그렇게 해 봤자 투자 대비 아웃풋은 형편없을 위험이 높고, 궁극적으로는 부모와 자식 모두에게 해가 될 확률이 높다는 걸 인식해야 한다고 생각해요. 그러나, 누구도 먼저 발을 빼지 못하는 게 문제죠. 나만 혼자 도태되면 안 되니까요. 일종의 죄수의 딜레마와 비슷한 겁니다. 그래서 제가 부르짖는 거예요. 안 되는 건 빨리 포기하는 걸 통해 이 시스템을 고사시키는 게 필요하다는 거죠.

지금의 486 부모들은 공부를 잘하면 잘살 수 있다는 생각이 자기 몸으로 체득된 세대예요. 그러니까 부모들이 자신이 성공했던 방법을 아이들에게 강요하는 거죠. 그런데 사실 거시적으로 보면 운이 좋은 세대였던 겁니다. 80년대 초반엔 졸업 정원제가 있어서 그전에 비해 어렵지 않게 대학에 들어갈 수 있었어요. 그리고 이들이 취업할 무렵인 87, 88년도는 우리나라가 한창 경기가 좋을 때라 대기업 취업이 상대적으로 쉬웠습니다. 좋은 일자리 수에 비해 대졸자가 모자랄 정도였죠. 주거도 마찬가지입니다. 80년대 후반부터 90년대 초반 신도시가 만들어질 때 손쉽게 집을 살 수 있었어요. 이른바 굉장히 좋은 라인업을 탄 것입니다. 우리 사회가 해방 이후 양적, 질적으로 엄청난 팽창과 발전을 하던 거시적 흐름에 이 세대는 올라탄 거예요. 일종의 '프리라이딩free-riding', 운이 좋은 세대죠. 판이 좋았던 것임을 부정할 수 없어요. 그런데도 본인들이 잘해서 성공했다고 생각해요. 그래서 자기가 했던 방식을 그대로 복제해서 자기 아이들도 그러기를 바랍니다. 그게 지금 문제의 본질 중 하나입니다. 우리나라가 정말 운이 좋은 시기에 그때 그 나이에 있었던 첫 세대이자 마지막 세대. 그리고 처음이자 마지막으로 자신의 부모보다 더 성공할 수 있었던 세대. 지금 아이들이 자기 부모보다 더 성공하는 것은 부모 세대에 비해서 훨씬 어려운 일입니다. 같은 노력을 기준으로 물리적인 성취를 봤을 때 말이죠. 그래서 세대 갈등을 말하기도 하지만, 사실 세대 갈등이라기보다는 우리 사회의 성숙도에서 비롯되는 어쩔 수 없는 결과예요.

엄기호　저도 선생님 말씀에 동감하는 게 지금의 공부 중독 현상이 '교육이란 무엇인가'라는 질문을 통해서 해결할 수 있는, 즉 교육학의 차원에서 해결되는 문제도 아니고, 이 차원에서 제기할 수 있는 문제도 아니라는 생각이 들어요. 개개인의 멘탈 문제는 더더욱 아니고요. 사회 변화에 따른 변화된 삶 속에서 어떻게 커왔는가에 관한 이야기라고 생각해요. 그래서 저는 선생님과 이런 얘기를 하고 싶어요. 그동안 우리 사회의 변화 속에서, 교육의 과정 속에서 어떻게 이런 현상이 발생하게 됐는가, 그리고 어떤 감정, 어떤 멘탈을 가졌을 때 이런 일이 일어나게 되는가에 관해 이야기하고 싶습니다.

하지현　엄 선생님은 그러니까 지금 이 시대의 아이들이 위험하다, 그들의 위태로운 멘탈을 어떻게 이해해야 할 것인가, 그렇다면 이들은 어떤 환경 속에서 살아왔는지 알아봐야겠다는 것이죠?

엄기호　그렇죠. 그런데 여기서 조심스러운 점이 있어요. 사실 사회 구조적인 문제에서 비롯되었음에도 자칫 이 모두가 청소년들 성향 문제라고 들릴까 봐 우려가 됩니다. 이른바 '요즘 애들론'이 되어서는 안 되죠. 그래도 일단 학생들 이야기부터 시작해야 할 것 같아요.

무한 루프,
'공부 중'이라는 푯말을 들고

하지현 공부 중독의 '독'에 관해 이야기하기에 앞서, 공부 중독 현상이 우리 사회에 얼마나 만연되어 있는지에 대해서 먼저 얘기해보면 어떨까 싶어요.

지금 오로지 공부만 하고 있는 친구들이 급속도로 늘고 있습니다. 예전에도 이런 얘기들은 있었죠. 석사만 네 개째. 유학 간 아이가 들어올 때쯤 돼서 "언제 들어오니?" 물어보면, "아빠, 미술사도 재미있는 거 같아요", 그리고 2년 끝나면 "박물관학도 재미있고, 좀 더 깊이 공부하려면 철학도 해야 할 것 같은데…" 한다는 얘기요. 이런 친구들은 이전에도 있었죠. 그런데 예전에는 주로 집안이 부유한 친구들이 그랬는데 요즘에는 보통의 중산층까지도 공부를 한다는 이유만으로 모든 것이 '익스큐즈' 되는 상황이 벌어지고 있어요. 공부가 우리 사회에서 삶의 다음 단계로 넘어가는 것을 유예시켜주는 프리 패스가 되어버린 거죠.

그런데 여기서 중요한 사실이 있습니다. 공부를 하고 있다는 건 아직 시험을 안 친 상태라는 의미입니다. 시험을 친다는 건 내가 어느 정도 능력이 있다는 것을 보여주는 것인데 이 친구들은 시험은 안 봐요, 오직 공부만 해요. 타석에 서질 않는 거죠. 시험을 봐야 된다면 시험을 안 볼 백 가지 이유를 댑니다. '아직 준비가 안 됐다', '컨디션이 너무 좋지 않다',

'경쟁이 너무 심하다' 등등…. 이렇게 되면 공부가 '스탠바이 standby' 내지는 '레디니스readiness'일 뿐인 거예요.

시험을 안 보면 좋은 게 실제 내 능력을 보여주지 않아도 된다는 점이에요. 저는 이것을 요즘 아이들이 정신 승리하는 한 방법이라고 생각해요. 그것을 통해서 나는 여전히 가능성 있고 굉장히 잘해나갈 수 있는 사람이라고 생각하고 사는 거예요. 자기애의 훼손 없이 말이죠. 그래서 "넌 언제 세상에 나가볼래?" 그러면 "모든 준비가 끝나면요", "아직은 준비가 덜 됐어요." 부모는 할 말이 없어요. 애가 준비가 안 됐다는데, 애를 믿어야죠. 그렇기 때문에 우리 사회는 지금 '공부 중'이라는 푯말만 든 채 사회로 나가지 않고 그냥 머물러서 나이만 계속 먹어가는 젊은이들이 점점 늘어가고 있다는 거죠.

엄기호 지금 선생님이 말씀하신 부분이 정신과의사와 사회학자가 만났을 때 흥미롭게 이야기할 수 있는 대목이라고 생각돼요. '공부 중'이라는 것이 한편에서는 유예를 합리화하는 거잖아요. '준비가 안 됐으니 더 머물러도 된다.' 그러면서 자기를 훼손시키지 않을 수 있는 방법이고요. 그런데 이것을 사회학적 관점, 즉 통치의 관점에서 보면 '그러니까 너는 아직 준비가 안 됐다'라는 것을 합리화할 수 있는 좋은 이유가 되고 있는 것 같아요. 국가의 가장 중요한 역할은 시민들에게 자리를 배분하는 것이라고 볼 수 있어요. 모두에게 자리를 배분하면 사회가 안정되죠. 그런데 지금은 대부분 자리가 없는 거예요. 그러니까 지금 국가의 중요한 역할이란 게 자리를 배분하는 게 아니라 자리를 배분받지 못한 이들에게 네가 왜 자리를 배정받지 못했는지에 대해서 설명하는 거예요. 그리고 그 설명이 '네가 준비가 덜 됐다'인 거죠.

TV 오디션 프로그램만 봐도 그래요. 여기서 계속 주입하는 것이 '너는 아직 더 배워야 한다'이거든요. 온 시민을 학생으로 만들어놓고 있어요. '내가 왜 아직 학생이냐', '내가 왜 아직 연습생이냐' 물으면, '네가 아직 준비가 덜 됐기 때문이다'라고 합리화합니다. 두려움 때문에 밖으로 나갈 수 없는 주체와 많은 사람들에게 일자리를 줘야 하는데 그런 정도의 자리를 만들어낼 능력도 의사도 없는 사회 시스템이 절묘하게 만나서 기가 막히게 합의를 볼 수 있는 지점인 거죠.

하지현 그렇죠, 더 겁나게 만드는 거죠. 나가면 진짜 큰일 나겠다.

엄기호 그래서 선생님이 만난 학생들처럼 '그러니까 난 나가면 안 된다, 더 준비해야 한다' 그렇게 되는 거고, 통치자 입장에서는 '그러니까 넌 나오면 안 된다, 넌 아직 준비가 덜 되어 있으니까' 이렇게 됩니다. 그런데 이런 상태가 되면 불만이 밖으로 향하는 것이 아니라 자기 안으로 향하게 됩니다. 자리를 만들어주지 못하는 사회가 아니라 준비가 안 된 자기를 탓하게 되는 것이죠. 그러면 반란은 일어나지 않아요. 통치자의 입장에서 보면 이거야말로 손 안 대고 코 푸는 격입니다. 불만을 통제할 수 있는 가장 수월한 방법이죠.

하지현 그렇죠. 그런데 여기서 만약에 공부가 아니라 일이었다면 사정이 달라졌겠죠. 아직 학생이라면 못하는 게 당연하다고 여기죠. 그러나 만일 일을 하는 것이라면 다른 담론으로 접근할 수 있을 겁니다. '일에 대한 숙련도가 떨어져서요', '전 아직 일할 준비가 안 되었어요'라는 문제라면 다른 담론이 만들어질 수 있었겠죠. 사회에서 받아주지 않는다면 "그건 내가 일을 해봐야 느는 것 아닌가요?", "내가 왜 이 정도의 보상밖에 받지 못하나요?" 이럴 것이고, 그러면 상대는 "네 일은 아직 이 정도의 보상밖에 받을 수 없어. 하지만 어쨌든 계속 해봐" 이러면서 뭔가 행동들이 뒤따를 텐데, 공부의 관점이고, 행위의 주체는 아직 배우는 학생이니 이 모양인 것입니다. 아무런 실질적 액션이 없는 거죠. 그런 면에서 저는 요새 쓰는 '취준생'이란 말이 마음에 들지 않습니다. 이 담론에서 보면 아직 '학생'인 것이죠. 취업준비인, 취업준비자가 맞지 않나 싶어요.

엄기호 이게 공부의 문제가 되니까 노동을 시키면서도 노동이 아니라 '그게 곧 공부다'라는 식으로 손쉽게 착취할 수 있는 거죠. '열정 페이'가 바로 그런 맥락이죠. 나아가 노동을 착취하는 것을 넘어서 더 성공한 건 그 사람으로 하여금 '맞아,

나는 노동자가 아니야, 내가 지금 뭘 하고 있는 건 아니야, 나는 지금 배우고 있는 중이야'라고 생각하게 하는 거예요. 실수를 하면 '역시 난 준비가 덜 되어 있어' 하고 자학하면서 현재의 대우를 인정하게 되는 거죠. 참 묘하게 주체의 두려움과 통치의 협박, 유예하는 것과 아직 받아들여주지 않는 것, 이 두 가지가 공부라는 고리로 작동하고 있어요. 저는 솔직히 이게 우리 사회에서 학벌 사회의 공부 문제보다 더 심각한 문제라고 생각해요.

하지현 그렇죠. 그런 인식이 모든 영역에 퍼져 있으니까 그로 인해서 정당한 노동에 대한 대가는 물론이고, 일을 하는 사람은 자존감이 떨어질 수밖에 없죠. 우리가 보통 '1인분'이라는 말을 많이 쓰잖아요, '한몫한다'라는 말. 그런데 지금 사회에서 '나는 이제 사회에서 1인분이 된 것 같아'라는 말을 할 수 있는, 그런 느낌을 가질 수 있는 시점이 늦어지고 있고, 아울러 같은 연령대에서 1인분이라고 할 만한 사람의 퍼센트도 줄어들고 있습니다. 예를 들어 10년 전에 30세에 80퍼센트가 1인분이었다면 지금은 50퍼센트에 불과한 것이죠. 또 연령이 올라가면 이런 사람들의 수가 확 늘어나는 시기가 와야 하는데, 꽤 늦은 나이까지도 항상 나는 1인분이 못 된다고 자각하고 지내는 것이 자연스러운 사회가 되었습니다.

그런 심리의 본질이 '나는 완전하지 못하다', '나는 결함이 있는 게 분명하다'로 이어질 수 있습니다. 더 나아가서는 사회 환경의 문제로 넘어가서 '헬조선'과 '흙수저'로 이어지는 것이죠. 이렇게 1인분이 되지 못한 것을 자기 준비 부족으로 여기고 합리화하는 것이 공부예요. 참으로 안타까워요.

엄기호 제가 어렸을 때를 돌이켜서 보면, 공부가 학교에 한정되어져 있었을 때는 학교 밖에서 한몫할 때가 많이 있었던 것 같아요. 그리고 그렇게 한몫하는 것이 자존감에서 굉장히 중요했던 것 같고요.

저는 시골에서 컸는데, 우리 집은 농사를 안 지었지만, 제 친구들은 다들 한몫하는 장정들이었거든요. 공식적으로 농번기 방학이 있었으니까 모내기 할 때는 학교를 안 가요. 벼 베는 동안에는 초등학생, 중학생들도 진짜 한몫하거든요. 그렇게 한몫하는 것을 통해서 목소리를 가질 수도 있었죠. 집안에서고 동네에서고. 그날은 막걸리도 한잔 주면서 한 명의 장정으로 대우해주는 거예요. 예전에는 이런 환경 속에서 어렸을 때부터 한몫한다는 감각을 가질 수 있었다면 지금은 그런 감각을 가져볼 기회가 좀처럼 없어요. 그러다 보니까 지금 정말 가장 중요한 문제는 한몫한다는 느낌을 가질 수 없다는 것이 아닌가 싶어요.

하지현 그렇죠, 한몫한다는 느낌을 가지지 못한 채 자라나는 거죠. 초기 청소년기에 실제 나이보다 높은 대접을 받아보는 것은 참 중요한 경험이 될 수 있습니다. 예를 들면, 엄마가 아파서 입원을 했거나 애를 낳으러 갔는데 자기가 동생들을 챙겨줬어요. 아침에 깨워주고, 밥도 차려주고, 돌봐주면서 일주일을 지냈어요. 그래서 막 칭찬을 받았어요. 이런 경험을 해 본다는 건 굉장히 중요해요. 옛날에는 아이들이 엄마나 할머니랑 같이 밥을 먹었잖아요. 그런데 어느 날 아빠가 오늘은 삼촌이랑 아버지랑 같이 먹자고 그러면 뭔가 뿌듯한 거예요. 그런 경험들이 그럼 내가 또 어디 가면 1인분이 될 수 있을까 찾아보게 한단 말이죠. 그러다 보면 자기들끼리 장사하는 놈들도 생기고, 열 몇 살부터 동네에서 전단을 돌려서 돈을 벌었다든지 하는 친구들이 생긴단 말이에요.

　이런 원초적 경험이 굉장히 중요한데, 지금 아이들은 항상 '공부 중'에 있어요. 그 이유는 0.9까지는 가능한데 절대 1은 아니라고 생각하기 때문이에요. 항상 0.9이죠. 그리고 0.9인 채로 산다는 것이 계속해서 내가 성인이 됐다는 느낌을 못 갖게 하죠. 마치 박사 과정에 있는 대학원생들이 갖는 느낌 있잖아요? 사십대 초반이 되고 아이들이 초등학교엘 다녀도 박사가 아닌 상태에서는 학교에 가면 그냥 애예요. 그런 것과 비슷하죠. 계속 공부하게 만드는 겁니다. 무한 루프. 공부는 종교이자 절대선이니까.

엄기호　대학 졸업해서 취업할 때도 그런 양상이 나타나요. 졸업한 다음에 한 학기나 두 학기, 취직을 못 할 수 있잖아요. 졸업한 상태에서 그렇게 1년이 넘은 뒤에 원서를 내면 회사에서 문제가 있다고 취급해요. 그런데 졸업을 하지 않고 1년을 휴학한 뒤 지원을 하면 문제 삼지 않아요. 왜냐하면 그 학생은 공부 중이었으니까.

이런 직접적인 이유 외에도 졸업을 유예하는 이유가 분명히 있습니다. 하나는 소속감이 없어진다는 불안이에요. 태어나서 대학을 졸업할 때까지 한 번도 소속이 안 되어본 적이 없거든요. 그러다 처음으로 소속이 사라지는 거죠. 당연히 불안하죠. 다른 말로 하면 제도적으로 무중력 상태가 되는 거예요. 그리고 제도에 속하지 않으니 자기가 뭘 하는지 설명할 방법이 없습니다. 제도 안에 있을 때는 아무것도 안 해도 뭔가를 하는 것 같거든요. 학교에 있으면 공부를 안 해도 공부를 하는 중이라고 생각하잖아요? 하지만 제도 밖에서는 뭘 해도 아무것도 안 하고 있는 것 같은 거죠. '중력감'이 사라지는 것입니다. 공중에 붕 뜨는 거죠.

하지현 그렇죠. 그러니까 어떻게 해서든지 대학에 남아 있어야 하는 거죠. 한 학년 학생이 4천 명이면 2천 명씩 졸업을 안 하는 학교도 있답니다. 서울대 인문대조차도 10학기 이상 등록한 학생이 50퍼센트에 육박한다는 기사를 봤어요. 그래서 5학년생이란 말까지 생겼더군요. 연세대가 5학년생이 2008년 7.5퍼센트에서 2012년에는 20퍼센트로 증가했고 이는 대부분의 대학이 비슷하다고 합니다. 심각한 문제죠. 대학 입장에서도 관리해야 할 학생 수가 늘어나서 골칫거리이고. 하지만

학생 입장에서는 어쩔 수 없죠. 졸업하면 끝이니까. 이력서에 결점이 없기를 바라는 거예요. 졸업 후에 공백 기간이 없이 바로 취업이 되어야 하는 것이죠. 실제로 인사 담당자들이 그런 걸 바라는 것도 영향이 있겠고요. 역시 1인분이 되기 전까지는 '공부 중', '학생 신분'인 셈입니다.

엄기호 공부 중독 사회인 거죠. 공부 중에 있으면 용서가 되고, 공부를 마쳤다고 가정되면 어떻게 해서든지 현업에서 뛰고 있어야 하는 거예요. 가차 없이 정글로 던져지는 거죠.

하지현 알코홀릭도 술을 먹어서 막 좋기 때문이 아니라 그 현상을 유지하기 위해서 먹죠. 현실의 괴로움을 잊기 위해서.

엄기호 그렇죠, 술이 깨면 몸이 아프거든요. 공부 중독도 마찬가지인 게 졸업을 유예하고 계속 공부 중에 있으면 어느 정도는 덜 불안해요. 그런데 졸업을 하고 나면 어떤 보호막도, 중력감도 없게 되죠.

하지현 적자인데 가게를 계속 운영하는 것으로도 비유할 수 있어요. 빚잔치가 무섭지만 카드를 돌려 막아가면서 겨우겨우 가게를 운영하는 거예요. 매달 백만 원씩 계속 까먹으면서, 이러다가 망한다는 거 알면서도 계속 운영해요. 지금 문 닫으면 직원들 퇴직금도 못 주고, 권리금도 못 받고 그럴 것 같으니까 너무 무서운 거예요. 손절매를 못한 채 떨어진 주식을 쥐고 있는 사람들이 그렇듯이, 이걸 '손실 혐오'라고 합니다. 인간 심리가 그래요. 일단 뚜껑을 열어서 결산을 하지 않고 계속 뛰고 있으면 불안감이 덜하죠. 멈출 때까지는 끝난 게 아니라는 믿음이죠.

아무것도 하지 않는 만능감

엄기호 그런데 이런 공부 중독의 가장 심각한 폐해는 뜻밖에도 만능감이라는 생각이 들어요. 제가 사회학을 공부하고 교육 관련 일을 하다 보니 느끼는 게, 어느 시점에서 한국 사회에서 아이가 양육되고 교육되는 방식이, '나는 중요한 사람이고, 나는 뭐든지 다 할 수 있고, 내가 다 컨트롤하고 평정해야 하고…' 이런 어마어마한 만능감을 심어준 것 같아요. 그런데 실상 자기 현실은 너무 비루하거든요. 할 수 있는 건 없고….

하지현 그래서 아무것도 안 하는 거죠. 그래야만 정신 승리가 가능하기 때문이에요. 타석에 서지 않으면 스트라이크 아웃인지 홈런인지 아무도 알 길이 없어요. 그래서 절대 타석에 서질 않아요. 그것이 이 친구들의 솔루션이에요.

엄기호　그러니까 한편에는 만능감, 신처럼 되어버린 자기가 있고, 다른 한편에는 너무나 아무것도 아닌, 아직 준비가 되어 있지 않아서 늘 야단이나 맞는 자기가 있는 겁니다.

회사에 들어가서 특히 이런 모습을 많이 보이는 것 같아요. 『미생』에서도 나오잖아요. 취직을 해서 자기는 뭔가 의미 있고 거창한 것을 하고 싶은데 회사는 늘 잡무만 시킵니다. 그러면 '내가 이런 일을 하기 위해 여기 온 건 아닌데' 하는 자괴감에 시달리게 되죠. 그렇다고 그 잡무를 잘하는 것도 아니에요. 제가 늘 재미있게 생각하는 게 그럼 어떤 일을 하기 위해 온 것이냐고 물어보면 대부분 '기획'이라고 말하는 경우가 많다는 것입니다. 즉, 자기는 아이디어가 풍부하다고 생각하고 자기 일은 전체를 기획하고 조정하는 것이라고 생각하는 경우가 많아요. 일을 게임 같은 걸로 생각하고 자기를 그 게임을 조정하는 만능적인 존재라고 생각하는 것이죠.

물론 이런 말을 하면서도 분명히 생각해야 하는 것이 있습니다. 한국의 회사나 조직들이 직무에도 없는 일을 너무 많이 시키고 일회용으로 소모시킨다는 것이죠. 당연히 이런 불합리한 관행에는 저항을 해야겠지요. 하지만 직무에 없고 불필요한 일을 관행이라는 이름으로 시키면서 혹사를 시키는 것과 일에는 실무와 잡무가 필요하다는 사실은 구분되어야 하는 거죠.

하지현　1퍼센트의 빛나는 순간을 위해서 99퍼센트는 어두운 그늘 속에서 똑같은 것을 지루하게 반복한다는 것을 모르는 거죠. 아니면 모르고 싶거나.

엄기호　수업 시간에도 마찬가지예요. 저는 수업 중에 학생들에게 스무고개 비슷한 걸 합니다. 수업 중에 학생들에게 "나한테 바로 배우면 배운 것 같지? 한 달이면 다 까먹는다. 네 것이 안 된다. 어떻게든 네가 찾을 때 그때 비로소 네 언어가 된다"라고 말하곤 해요. 이를테면 경험과 체험의 차이, 이걸 가르친다면, 이것에 대해서 한 번 얘기한 다음에 "저번 시간에 이걸 뭐라고 했죠?" 물어봅니다. 그러면 학생들이 배움, 성장 등등 온갖 이야기를 해요. 그러면 저는 학생들 입에서 경험이라는 말이 나올 때까지 기다리거든요. 그래야 그것이 학생들의 것이 되니까요.

그런데 강의 평가할 때 종종 나오는 얘기가 "토론은 시간 낭비입니다", "스무고개 좀 하지 마십쇼", "시간 때우는 것처럼 보입니다" 이런 내용들이에요. 그런데 그런 평가를 보고 있으면 뭔가 참담한 기분이 들어요. 내 수업 방식을 비판해서 기분 나쁜 게 아닙니다. 그게 어떤 거냐면, 이를테면 깔끔한 걸 좋아하는 거 있잖아요, 요약정리 좍 하는 것에 익숙해져 있다 보니 찾고 토론하고 이런 걸 다 시간 낭비라고 생각해요. 그래서 견디는 과정을 너무 못 참아요. 이걸 효율성이라고 불러야 할지 모르겠는데 어쨌든 이런 효율성이 몸에 완전히 밴 거죠. 그렇다 보니까 이 학생들이 조금만 자기 뜻대로 진행이 안 되면 불만이 폭발해요.

하지현   1955년에 헨리 머레이란 정신분석가가 청소년기 심리를 설명하면서 이카루스 콤플렉스를 얘기한 적이 있어요. 그리스 신화에 나오는 이카루스와 아버지가 날개를 만들어서 탈옥을 하잖아요. 아버지가 절대 너무 높게는 날지 말라고 했지만 이카루스는 그 말을 듣지 않고 자기는 더 높이 날 수 있다고 여기고 너무 높게 올라갔다가 태양열에 촛농으로 만든 날개가 녹아버리면서 떨어져 죽습니다. 머레이가 이걸로 청소년기 심리를 설명하는데, 이 시기에는 상승과 하강을 반복해요. 모든 걸 다 할 수 있을 것 같은 고양감과 아무것도 못할 것 같은 좌절감과 우울을 반복해서 경험한다는 거예요.

　앞서 선생님이 말씀하신 만능감이 자기 고양감이겠죠. 한편으로 외부의 작은 자극에 금방 풀이 죽고 좌절하면서 이에 대한 반작용으로 공격성을 보이는 것도 같은 맥락입니다. 그런데 지금 젊은 친구들의 만능감은 좀 더 깊이 들여다보면 만능 또는 '슈퍼 노멀super normal'이 되지 않으면 내가 뭔가 잘못됐다고 생각하는 데서 비롯되는 것 같아요.

　1967년에 데이비드 엘킨드란 정신분석가는 청소년기 심리를 모든 걸 다 할 수 있다는 전능감에 더해서, 나만 유일하게 독특한 존재라고 믿는 마음과 더 나아가 절대 부서지지 않는, 불멸의 존재이고 싶다는 환상까지 갖게 되는 것이 특징이라고 했어요. 한편으로 요새 젊은이들의 일종의 허세, 자기가 천

재이고 유니크한 존재라고 믿는 것, 과대망상급의 자기 환상도 이런 맥락에서 이해해보면 어떨까 싶어요. 그런 마음을 갖고 살아가는데 눈을 돌려 현실을 보면 그렇지 않은 거예요.

만능감 혹은 전능감은 발달 과정 초기에 매우 중요한 요소예요. 그게 꼭 필요해요. 약하고 무력한 존재인 아기가 세상으로 나갈 때 전능감이란 환상이 없으면 엄마의 품을 벗어날 수 없을 겁니다. 그런데, 그 전능감을 너무 오래 간직하는 것은 좋지 않죠. 그 전능감은 제 생각에는 인생이 급 핀치에 몰렸을 때나 삶의 기로에서 갈피를 잡지 못할 때, 낙관과 희망이란 형태로 전환해서 꺼내 쓰면 된다고 봐요. 그런데 지금 십대와 이십대 중에는 전능감만 간직한 채 땅으로 내려오지 않으려는 경우가 일부 있어요. 그러면 현실의 삶이 만족스럽지 않고 무엇을 해도 재미가 없어져요. 그리고 무엇보다 자기를 비정상이라고 생각하게 되죠. 비정상을 괴로워하는 경우도 있지만, 나는 '유니크한 존재', 남과 다르다라고만 여기면서 어울리거나 적응하려는 노력을 포기해버리기도 하죠. 거기서 문제가 생겨요.

전능과 유니크의 관점에서 보면, 재미없고 의미 없는 삶이라고 할 수밖에 없겠죠. 그러나 사실 인간이 웬만하면 비정상이기 어렵습니다. 적당히 사는 사람들, 9시 되면 출근하고, 웬만하면 결근 안 하고, 더럽다고 지랄해도 할 것 하면 정상이에요. 그걸 받아들이지 못하면 스스로를 비정상이라고 여기거나 세상과 거리를 둡니다. 지금 자신의 처지를 객관적으로 인정하느니 차라리 전능감과 유니크함을 간직한 채 붕 떠서 지내는 것이 낫다는 판단을 내리는 거죠.

엄기호　저는 학생들이 이런 만능감을 갖게 된 또 다른 원인 중의 하나가 레퍼런스 그룹의 부재인 것 같아요. 사람이 실수도 하고 틀리기도 하고 그러잖아요? 항상 옳을 수는 없는 거니까. 그랬을 때 가장 중요한 것 중의 하나는 내가 정상인지 비정상인지를 가리는 것보다 내 주변의 레퍼런스 그룹이 나를 톡톡 쳐주는 것, "야, 지금 너 오버하고 있어, 워워" 이런 역할을 해야 하는데, 이 학생들에게는 레퍼런스 그룹이 없어요. 정말 너무 없어요. 친구가 이상한 짓을 하면 "정신 차려" 이런 얘기를 해줘야 하는데 안 그러는 거예요. 그러니까 혼자 앉아서 자기 혼자 고민하고, 자기 혼자 인터넷 뒤지고, 그러다가 엉뚱한 방향으로 가는 거예요. 놀랄 정도로 친구가 없고, 친구랑 어떻게 지내야 하는지도 몰라요. 물론 이건 청소년이나 청년들의 문제만이 아니라 한국에서 사는 거의 대다수 사람들의 문제이지만요.

썸, 밀당, 관계는 어떻게 배우죠?

하지현　제가 요즘 젊은이들의 어휘에서 재미있다고 느끼는 게 '썸', '밀당', 이런 단어예요. 너무나 뻔한 얘기인데 왜 이름을 붙이느냐는 거죠. '썸'이나 '밀당'이라는 게 둘이 친해지는 과정에서 있을 수 있는, 이성 관계뿐만 아니라 모든 관계에서 있을 수 있는 과정이잖아요. 조금 애매하게 알고 지내면서 연락하다가 그런데 상대편에서 머뭇거리면 조금 서먹해지고 그렇게 관계가 이어지다가 친해지기도 하고 멀어지기도 하는 건데, 요즘 친구들은 이런 관계의 경험이 별로 없다가 이성과 딱 맞부딪히게 되니까 어려운 거예요. 우리 세대에게는 자연스러운 관계 맺기의 방식인데 이런 경험을 한 번도 못하다가 그것을, 그것도 이성 관계를 통해서 관계 맺기를 처음 배우려니까 얼마나 어렵겠어요? 그러니까 이런 어휘들이 생긴 게 아닌가 싶어요.

그런 면에서 제가 요즘에 관심을 갖게 된 게 픽업아티스트예요. 불과 5년 전에 〈시라노 연애조작단〉이라는 영화가 나왔을 때만 해도 정말 재미있는 영화적 발상라고 생각했는데, 어느새 픽업아티스트라는 황당한 직업이 생겼단 말이죠. 그 사람들이 학원을 차려서 뭘 가르치느냐면, 연애 기술을 가르쳐요. 연애도 배워야 하는 게 된 거예요. 그건 뭐냐면 지금 이십 대 초중반 친구들 중에 사춘기에 연애 감정을 경험해봤거나, 대학생 때 미팅, 소개팅 등을 통해서 자연스럽게 풋사랑을 해본다거나, 누굴 진지하게 좋아해본다거나 하는 친구들이 급격히 줄어들고 있다는 거죠. 물론 그렇지 않은 친구들도 분명히 많겠지만, 그래 보지도 못한 채 "너 아직 왜 여자친구가 없어?" 그런 말을 들으면서 스트레스 받는 친구들이 급격히 늘고 있다는 거죠. 그러면 '아, 그래 연애를 해봐야겠다' 이래야 하는데, 옛날 같으면 친구가 연애하면 "새끼 쳐, 새끼 쳐" 이랬잖아요, 그러면서 "미팅하자, 과팅하자" 이랬을 애들이 이제 조용히 학원에 가는 거예요. 학원에 가서 연애 기술을 배워서 킹왕짱, 사람 잘 꼬시는 사람이 되어서 짠 하고 나타나고 싶은 거죠. 돈을 들이더라도. 그리고 절대 실패하지 않을 방법으로. 이 또한 전능감 실현의 욕망이기도 하고, 한편으로 실패에 대한 극도의 혐오의 소산이죠.

엄기호　저도 요즘 학생들의 관계 맺기에 대해서 수업을 한 적이 있어요. SNS나 인터넷 커뮤니케이션의 문제예요. 학생과 실험을 같이 하게 되면 얼굴을 마주 대하고 이야기를 하게 되니까 좋든 싫든 긴장이 있거든요. 싫은 것도 봐야 하고, 싫은 이야기도 들어야 하고. 그리고 반응을 해야 하잖아요? 싫어도 웃든가. 전화만 해도 그게 있거든요. 그런데 문자의 경우 밥 먹다가 상대방이 짜증나는 소리 하면 이모티콘 날리면서 계속 밥 먹으면 되는 거죠. 그러니까 긴장이 없는 거예요. 항상 내가 의사소통을 컨트롤할 수 있어요. 이게 너무 좋은 거죠. 내게 주도권이 있으니까.

　대면적 관계가 있고, 전화가 있고, 문자, 이메일이 있다고 하면 점점 더 내가 시간을 완전히 통제할 수 있는 커뮤니케이션을 선호하다 보니까 실제로 누군가를 대면하게 되면 내가 시간을 컨트롤하면서 커뮤니케이션할 수 없는 걸 견디지 못하겠다고 하더군요. 하 선생님이 말씀하신 것처럼 썸, 밀당, 이런 게 너무 낯선 거예요. 나한테 너무 폭력적인 것, 감당할 수 없는 것으로 다가오는 거예요. 그러니까 다 안 하려고 하는데, 바로 이런 커뮤니케이션 속에서 만능감이 생긴 것 같더라고요. 그런데 현실에서 연애하면 실패할 수도 있거든요. 그러니까 패배감이 들 수밖에 없죠.

하지현　　음, 이 부분은 개인의 결핍의 문제로만 볼 수 없고요, 삶의 틀이 바뀐 사회의 큰 변화도 많은 영향을 미친 것 같아요. 인류학 책들을 보면 전 세계의 모든 공동체에서 가족은 밥을 같이 먹는대요. 몇 개 없는, 굉장히 보편적인 현상이라는 거죠. 우리나라의 유교 시대를 빼고는…. 그러니까 원시 부족들도 밥을 같이 먹었다는 거죠. 나눠 먹으니 최소한 굶어 죽는 아이는 없었어요. 너무 많이 갖는 놈도 없고. 그러니까 미니멈이 항상 유지되는 거죠. 화목함과 가족 내 소통을 위한 게 아니라 최소한 공동체 안에 굶는 사람은 없게 하자는 상호이타주의의 결과물이었죠.

　이런 문화가 만 년쯤 되는 기간 동안 지속되어 왔는데 그것이 깨진 시기가 바로 지금이라는 거죠. 영양이 과잉 공급되면서 혼자 밥을 먹기 시작하게 되었다고 하죠. 그러면서 굶어 죽는 인간들이 생기기 시작했고, 최소한 유지되던 기본적 상호 관계의 하한선도 존재하지 않게 된 첫 번째 세대가 당도한 것입니다. 밥 먹고 나누는 것과 같은 아주 기본적인 부분까지도 무너진 시대가 도래했고 이건 인류 역사에서 거의 처음 나타난 현상입니다.

그다음으로 이전에는 조부모의 역할이 있었죠. 격대 교육이라고 하죠? 느슨한 확대가족이 줄 수 있는, 교육이라기보다 일종의 학습, 즉 사회 학습이 있었는데 지금은 그것을 경험할 기회가 사라진 거예요. 그런데 문제는 그런 학습은 당연히 집에서 이루어지리라고 기대하기 때문에 학교 커리큘럼에는 없다는 거예요. 그러니까 지금 사회에서는 공동 현상이 생기게 된 거죠.

한편으로 옛날 같으면 학창 시절 때 시간이 많으니까 친구들과 어울리면서 자연스럽게 배울 수 있는 게 있었거든요. 친구 집에서 자고, 놀고, 친구 엄마한테 밥 얻어먹으면서 "잘 먹었습니다" 인사드리고 나오고, 이렇게 남의 집에 가서는 어떻게 해야 한다는 것을 자연스럽게 익혔죠. 친구 형이 내 형 같기도 하고, 그래서 그 형 물건 만졌다가 맞기도 하고, 그런데 친구 형이니까 참아야 하는 거고, 그런데 집에 가서는 말할 수 없고, 내가 잘못해서 맞은 거니까, 이런 식으로 몸으로 익혀나갈 기회가 있었는데, 지금 친구들은 일곱 살 때부터 학원 뺑뺑이를 도니까 친구네 집에 가본 적도 없고, 오랜 기간 동안 징그럽게 서로 치고 박고 싸우는 경험들도 못하고, 그렇게 파편화되어서 살다가 어느 순간 대딩이 되는 거예요.

내가 어디쯤에 있는 누구이고, 어느 정도인지 잘 모르는 거

예요. 그럴 기회가 없었던 거죠. 그러다 보니까 관계에 있어서 기본적인 기술 자체가 결핍되어 있을 가능성이 있어요. 그래서 픽업아티스트가 가르칠 가능성도 있는 거예요. 이들이 가르치는 게 효과가 있는 게, 예를 들어 기본 80점 맞는 친구들을 90점, 95점 만들기는 어려워요. 그런데 40점 맞는 친구들을 70점 만들기는 비교적 쉽죠. 기본 스킬을 가르치면 되거든요. 80점부터는 응용 문제가 들어오면서 어려워지는데 40점 맞는 친구를 붙잡고 70점 만드는 것은 기본적으로 교과서만 알게 하면 되니까요. 그런데 요즘 이십대 친구들을 보면 대인관계에서 아주 기본적인 부분들조차 안 돼 있는 친구들을 왕왕 봐요. 머리는 똑똑한데. 그걸 『아프지 않다는 거짓말』이란 책을 쓴 가이 윈치의 말을 빌리자면 '인간관계의 근육'이 쇠퇴한 것이라고 비유할 수 있어요. 인간관계의 기술은 사교, 의사소통, 입장 바꿔 생각하기, 공감 능력 같은 것인데 사회에서 연결 고리가 줄어들어 그 기술을 쓸 필요가 줄어들면 마치 근육을 안 쓰면 약해지듯이 그 능력도 약해진다는 것입니다. 그래서 나중에는 고독의 문제를 깨닫고 사람을 만나서 어떻게 해보려고 해도 근력이 약해서 벗어날 수 없는 난감한 상황에 빠진다는 건데, 저는 참 많이 공감이 되더라고요.

엄기호   저도 강의를 하면서 그런 학생들을 많이 봐요. 일선의 교사들을 만나보면 그렇게 얘기하시는 분들도 많고요. 게다가 점점 늘어나고 있다고 하더군요.

하지현 그럴 수밖에 없는 게, 부모 입장에서는 자기는 배운 적이 없기 때문에 가르쳐야 한다고 생각해본 적이 없는 거예요. 당연히 자연스럽게 익히는 거니까. 그러니까 가르치지 않죠. 예전에는 애들이 자기들끼리 보내는 시간 속에서 배웠던 건데 지금 아이들은 그런 것을 접할 기회가 없어요. 그런 시간을 따로 주는 것도 아니고요. 어느 커리큘럼에도 아이들에게 이런 걸 가르쳐야 한다고 하는 게 없어요. 학교에서 애들이 놀고, 치고 박고, 자기들끼리 운동장에서 말도 안 되는 헛소리 해대면서 익히는 게 있어야 하는데, 학교 끝나면 버스가 좍 와서 애들 태워서 학원 가고, 그러고 밤 9시에 집에 오면 할 게 얼마나 많아요? 엄마랑 얘기하는 게 아니라 남은 시간에는 게임하고, 카톡 하고, 그러다 자고. 바쁘단 말이에요, 애들이.

또 하나의 문제는 대학에 들어오면 그때부터라도 여유가 있어야 하는데 그렇지가 않아요. 저는 대학 와서 대부분의 시간을 동아리 방에서 보냈어요. 공강 시간에 모여서 떠들고, 놀고, 그러다가 "다 제끼고 막걸리나 먹으러 가자" 그러면 나가서 시답잖은 이야기를 끝없이 떠들며 지냈죠. 지금도 그 친구들하고 자주 만나요. 근데 지금 아이들은 그럴 기회도 없는 거예요.

인터넷에서 본 기사인데, 스터디를 할 사람을 모으는데 "우리 스터디는 뒤풀이가 없습니다" 이렇게 붙여놓은 거예요. 시간 뺏지 않는다, 이걸 장점으로 내세운 거죠. 법전원(법학전문대학원) 준비 모임, 의전원(의학전문대학원) 준비 모임 이런 걸 하는 거예요. 모르는 사람들끼리 모여서 스터디를 하는데 몇 시에 모임, 시간 엄수, 잡소리 없음, 각자 헤어짐, 회비는 얼마. 혼자 공부하는 게 힘드니까 모여서 공부하지만 서로 알고 싶지는 않은 거예요. 사실은 젯밥이 더 중요할 수도 있는데 말이죠. 그래서 대학에서 동아리가 망해가고 있잖아요. 이제는 동아리 활동을 거의 안 해요. 하더라도 학년 올라가면 당연히 그만두는 거고. 동아리방에 사는 복학생 오빠, 이런 오빠가 이제 없어요.

한편으로는 이런 것이 또 사회적 기술의 결핍을 가져오는데 그만큼 대학에 들어가면서부터 아이들 마음을 급하게 만들어놓은 거죠, 이 사회가. 대학 1학년 들어오면 학점 관리하고, 스펙 관리해요. 벌써 1학년부터 취업에 필요한 것을 역산해서 계산하더라고요. 그 생각 방식이 고1, 중1 때 대학에 들어가기 위해 역산해서 생각하는 것과 똑같은 방식이더라고요. 그래선지 정말 신기할 정도로 모든 애들이 똑같은 시기에 군대를 가요. 대학교 1학년 마치면 가야 되는 거예요. 늦으면 큰일 나요. 무조건 1학년 마치고 가고, 갔다 와서 달려야 하는 거예요. 옛날에는 2학년 마치고 가기도 하고, 3학년 마치고 가기도 하고, 아주 늦게 가기도 하면서 군대 가는 시기가 고루 분포되어 있었잖아요? 그러면서 앞날을 생각하고 그랬는데 이제는 달라졌어요. 마음에 여유가 없으니까 동아리 활동도 안 되고, 그러니 그나마 사회성이 자랄 기회가 더 없는 거죠.

그러니까 연애를 하면 멘붕이 와요. 연애는 하고 싶거든요.

예를 들어 이런 거예요. 연애에 대해서 가르칠 수 있는 기술이 대단한 게 아니라 뭐냐면요, 내가 문자를 몇 번 보낼 때까지 답장이 안 와도 괜찮은가, 그래서 세 번 보냈는데 답장이 안 오면 걔랑은 끝이다, 이런 거예요. 우리 세대는 자연스럽게 아는 것을 이 친구들은 모르는 거죠.

아스퍼거라고 고기능 자폐가 있어요. 이 친구들을 위한 사회 적응 훈련법이 있는데, 가령, 이런 거예요. 전화를 하면 "안녕하세요, 저는 누구입니다. 누구랑 통화할 수 있을까요?" 이런 걸 얘기해라, 누구를 사귀고 싶으면 밥을 먹으러 가자고 하기 전에 차를 먼저 마시자고 해라, 상대가 두 번 거절하면 한 번을 더 물어봐라, 두 번째까지는 정말 시간이 안 될 수도 있는 거다, 네가 싫다는 얘기가 아니다, 이런 얘기들이 씌어 있어요. '뭐 이런 걸 가르쳐줘?'라는 생각이 들 정도로 세세하게 가르쳐줘요. 픽업아티스트들이 가르치는 것도 마찬가지예요. 그들에게 배우는 게 이성을 꼬시는 굉장한 기술이 아니라 인간관계의 기본 기술을 배우는 거예요. 인간관계에서 기본적으로 알아야 할 것들을 연애라는 이름으로 배우고 있는 거죠.

엄기호　공부는 배우는 과정과 익히는 과정의 합이잖아요. 그래서 공부를 다른 말로 '학學'과 '습習'으로 이뤄진 학습이라고 부르죠. 배워서 안다고 하면 익혀서 할 줄 알게 되는 것이거든요. 이렇게 할 줄 알게 되어야, 그것도 능수능란하게 할 줄 알게 되었을 때 그걸 삶의 기술이라고 부를 수 있을 것입니다. 저는 관계도 익히는 거라고 생각해요. 지속적인 관계 속에서는 "저 새끼랑 헤어지면 안 되니까 난 어떻게 하지?" 고민하다 보니 삶의 기술이 만들어지거든요. 반면 인스턴트화된, 네트워크적인 관계 속에서는 "저 새끼 기분 나빠, 안 봐" 그리고 정말 안 보면 되니까 삶의 기술이 만들어질 수가 없죠. 그런데 지금 많은 영역에서 학생들에게 익힘의 장은 없는 것 같아요. 배우면 익히는 게 아니라 배우고 바로 다음 배움으로 넘어갑니다. 그러니 익히는 과정이 없어요. 그래서 배우긴 배웠는데 할 줄 아는 게 없는 것이죠. 이게 한국의 대체적인 교육과정입니다. 지속적인 관계 속에서 내가 덜 괴롭기 위해서는 내가 뭘 해야 하는지 고민도 하고 배우고 해야 하는데 말이죠. 제가 『단속사회』에서 사회가 붕괴되었다고 말했는데, 이런 의미도 있는 거예요. 사회가 없는 거예요. 사회화를 하려면 사회가 있어야 하는데, 작은 사회들이 없어요.

'남들'의 부재

엄기호 요즘 선생님들을 만나면 교사도 그렇고, 강사도 그렇고, 교수들도 한결같이 하는 이야기가 학생들이 엄청 어려졌다는 거예요. 특히 지난 몇 년 사이에 눈에 띌 정도로 어려졌다고 하는데 선생님은 어떻게 생각하시는지 궁금하네요.

하지현 어리다는 게 뭐냐면, 심리 발달을 어떤 식으로 규정하느냐에 따라 다르겠지만, 그중 하나의 틀이 '자아 중심성 egocentrism'에서 '자아의 탈중심성egodecentrism'으로 나아가는 것이라고 얘기해요. 무조건 나를 중심으로 보다가 다른 사람도 보게 되는 거죠. 어릴수록 나를 중심으로 생각하면서 나만 소중하다고 생각하는데, 그러다 '쟤가 저러는데 그럼 나도 저렇게 해봐야지' 하면서 이타적인 면이 점점 나타나는 게 심리 발달에 있어 하나의 기준점이 될 수 있다고 봅니다. 아마 선생님들이 많이 생각하시는 어리다는 판단은, 집단 속의 나라든지 상대방과 나와의 관계를 생각하지 않고, 오직 나, 내가 얻고 싶은 것에 대한 즉각적 만족만을 바라고 있는 면과 연관이 있겠죠. 실제로 요즘 아이들을 보면 그런 면들이 분명히 있죠. 그렇다면 이런 문제들이 왜 생겼을까를 생각해보면 결국 사회성과 관련된 부분들이에요.

앞서 얘기한 내용인데 사회성을 익힐 겨를이 없는 거죠. 사회성을 익히려면 물리적으로 절대적인 시간이 필요해요. 놀이터에서 친구들과 어울려 놀기도 하고, 따돌림도 당해보고 하면서 대인관계에서 복잡한 부분에 대해 고민도 해보고 그래야 하는데, 이 공간을 누릴 여유를 갖지 못한 채 청소년이 돼버리고 대학생이 돼버리는 친구들이 한 그룹 있다는 거예요. 특히 대학생들이 많은데, 그럴 수밖에 없는 게 지적인 부분에서 우월성을 갖게 되려면 공부를 많이 할 수밖에 없으니까 상대적으로 사회성을 기를 시간이 더 없었던 거예요. 그러니까 교수가 볼 때는 '이 정도는 어릴 때 몸으로 배워서 왔어야 하는데 왜 못 익혀서 왔을까?'라고 생각하게 되죠. 고등학교도 그렇고 대학교도 그렇고 상위 레벨 학교일수록 더욱 그렇다고 느낄 거예요.

그다음으로 생각해볼 것은 역치가 낮아졌다는 거예요. 어떤 것에 대해서 증상이라고 생각하거나 자기한테 굉장히 불편하고 괴로운 일이라고 생각하는 것에 대한 역치 수준이 매우 낮아지고 있어요. 그렇기 때문에 원래 가지고 있을 능력치에 비해서 힘들어하는 경향이 분명하다는 거죠. 예를 들어서 군대 부적응의 문제를 보면 부모 세대는 요즘 군대는 옛날 군대보다 훨씬 좋아졌다고 얘기할 텐데, 도저히 견딜 수가 없다고 얘기하는 친구들이 의외로 많다는 거죠.

진료실에서 군대 부적응자들을 많이 보는데요, 보통 신체검사에서 1, 2, 3급 현역 판정을 받은 친구들이 열아홉 살에서 스물한 살 사이에 입영을 해요. 이때 두 부류가 있는데 처음 일주일, 정밀 신체검사를 받는 동안 있어 보니까 미쳐버릴 것 같아서 돌아오는 친구들이 있어요. 내무반에서 같이 생활하는 것 자체가 너무 힘든 거예요. 한 번도 이렇게 살아본 적이 없으니까. 그런가 하면 훈련 마치고 자대 배치 받아서 1년 정도 생활하다가 너무 힘들어하는 친구들이 있어요. 이런 친구들이 생각보다 굉장히 많아요. 그때 보이는 반응을 우리는 흔히 적응장애라고 해요. 적응장애가 뭐냐면, 본인이 한 번도 경험하지 못한 굉장히 큰 환경의 변화가 왔어요. 그런데 이때 적응에 실패하면서 굉장히 심한 우울감에 불안감, 긴장을 경험할 때 적응장애라고 얘기해요. 가령 부모님이 돌아가셨어요, 아니면 큰 시험에 실패했어요, 그래서 일시적으로 급격히 힘들어지는 친구들을 적응장애라고 이야기하죠.

군대 부적응 친구들은 이전에 고등학교, 대학교 때 문제가 있던 친구들은 아니에요. 정신과 병력이 있는 친구들도 아니고요. 그런 친구들은 신체검사에서 이미 걸러졌으니까. 다만 다소 미성숙하거나 자기중심적인 친구들, 외동이지만 혼자 잘 지내왔고 약간 적응을 못하지만 크게 문제가 될 정도는 아닌 그런 친구들이에요. 그런데 이런 친구들이 엄격한 위계질서, 빡빡한 내무생활, 약간의 불공정함을 맞닥뜨렸을 때 힘들어하는 거예요. 군대에서는 공정하지 않은 일도 꽤 많이 벌어지잖아요. 그걸 견뎌야 하는데 못 견디는 거죠. '내가 왜 니 말을 들어야 해', '내가 왜 이 일을 해야 해?' 하면서 어느 순간 못 견디겠다고 툭 하고 떨어지는 순간부터 이 친구는 어떻게 해서든지 벗어나고 싶은 거예요. 이 친구들은 한번 어긋나면 길이 없다고 생각해요. 왜냐하면 한번 어긋나면 다시 되돌릴 엄두가 안 나거든요. 자신에게 어떤 불이익이 돌아온대도 어떻게 해서든 벗어나야 된다고 생각해요. 그래서 군병원에 갔다가 군병원에서 안 되면 민간병원 가서 치료받든지 심리검사 다시 받고 현역 부적합 판정 받거나, 제2국민역 편입으로 나오죠. 군대도 그걸 원하는 면이 많고요. 행여나 영내에서 사고 치면 좋을 게 하나도 없으니까요.

이런 라인업이 요즘 젊은 세대 남자들에게서 많이 보여요. 그래서 저는 거꾸로 이십대 후반에 심한 우울증이나 정신분열증으로 문제가 생겨서 온 친구들 중에서 현역을 잘 마쳤다 그러면 그 친구는 이십대 초반까지는 절대 발병한 게 아니라고 판단해요. 어떻게 보면 우리나라에는 좋은 스크리닝 시스템이 있는 거죠. 군 생활 2년을 어쨌든 잘 마쳤다, 그러면 이 친구는 상당히 훌륭한 친구라는 거죠. 내적인 적응력은 가지고 있는 거고, 이십대 중반 이후에 어느 시점에 병이 시작된 거라고 판단하게 됩니다. 어쨌든 이런 친구들이 많이 나타나고 있어요.

엄기호 교육에서 얘기할 때 사람의 성장은 낯선 것, 타자와의 부딪힘 속에서 나오는 것이라고 많이 말하거든요. 내가 모르는 사람, 낯선 사람들과 섞이면서 그 속에서, 선생님이 말씀하셨던 자아 중심성에서 '아, 세상에는 나만 있는 게 아니구나, 남이라는 존재가 있구나'를 깨달으면서, 눈치를 보게 되잖아요. 그러면서 내가 언제 말해야 하고 어떻게 말해야 하는지를 배우고, 진보적인 의미에서 바람직한가는 모르겠지만, 어쨌든 이게 사회화되어가는 과정이고, 사람이 성장해가는 과정이라고 생각해요. 게다가 남이 하나의 남만 있는 게 아니라 여러 종류의 '남들'이 있는데 다양한 남들하고 섞이면서 일종의 면역력 같은 게 생겨야 조금 다른 상황이 벌어졌을 때 적응을 할 수 있죠. 그런데 어떤 의미에서는 참 재밌는 게, 사회는 굉장히 유연함을 강조하잖아요. 그런데 가면 갈수록 사람들은 점점 경직되어간다고 해야 할까? 뻐덕뻐덕해지고 있어요. 한 사람에게 적응하고 나서 조금만 다른 사람을 만나도 이걸 적용할 수 있다고 생각하는 게 아니라 그냥 또 새로운 다른 남이니까 또 당황하고 스트레스 받고, 되게 뻐덕뻐덕해진 것 같다는 느낌이 드는 것 같아요.

하지현 선생님 표현 중에 면역력이라는 말이 흥미롭네요. 면역은 공부로 배울 수 있는 게 아니에요. 학습과 경험이 다른 것이듯, 면역력은 경험을 통해서 아파봐야 생기지 학습한다고 생기지는 않거든요. 물론 학습을 하면 덜 아플 수는 있겠죠. 왜 맞는지 알고 왜 아픈지 아니까. 그런데 면역력이 잘 안 생기는 아이들이 있다는 거죠. 아픔에 대한 역치가 낮거나 아픔 자체를 회피하는 게 낫다고 생각하는 경향이 있는 거예요. 불패에 대한 환상을 갖고 있기 때문에 안 아픈 채 위 레벨로 올라가고 싶은 욕망이 있는 거죠. 각 단계마다 아픔이 있고 좌절이 있을 수 있다는 걸 인정하고 싶지 않은. 누군가가 순식간에 초인적인 힘으로 끄집어 올려줘서 맨 위 단계로 단번에 가고 싶다는 환상을 가지고 있는 경우도 많고요.

그다음으로, 있을 수 있는 아픔을 결정적인 트라우마로 인식하는 경우, 확률상 이런 정도의 아픔은 일상적인 아픔이라고 할 수 있는, 대인관계에서 주고받을 수 있는 가시들, 공격성, 이런 것들인데 일부 친구들에게는 굉장한 씻을 수 없는 상처, 명치끝을 칼로 후볐다고 인지한다는 거죠. 그러니까 그다음부터는 바깥세상이 두려워지게 돼요.

엄기호　그것에 대해서 제가 느낀 것을 이렇게 표현하는 게 맞는지 모르겠는데 모든 아픔을 병리화해버린다고 해야 할까요? 선생님이 쓰신 책의 표현을 빌리자면, 일상생활에서 충분히 벌어질 수 있는 기스, 생활기스인데 이것을 병리화해서 이런 기스는 절대 생기면 안 되는 것처럼 심각하게 받아들이는 거죠.

사실 삶은 어느 정도의 위험을 감수할 때 배울 수 있습니다. 존 듀이가 말한 대로 하면 불에 손을 집어 넣어서 손을 데는 과정이 있어야 불에 손을 넣으면 안 된다는 것을 배울 수 있습니다. 그런데 우리는 지금 이런 일체의 과정을 다 위험한 것이라고 불온시해요. 배우긴 배워야 하는데 위험하지 않게 배워야 하는 것이죠. 그러다 보니 위험을 감수할 수밖에 없는 삶의 과정에서 배우는 것은 위험한 일이기 때문에 피해야 하고 대신 그걸 커리큘럼으로 만들어서 관념적으로 배우게 되는 것입니다. 다시 존 듀이 식으로 말하면 겪는 것이 없이 그저 배우는 것이죠. 그런데 기스 하나 없이 말끔하게 배우는 게 가능할까요?

저는 사는 건 감당하는 것이라고 생각해요. 어느 정도까지는 겪으면서 감당하는 거고, 감당할 수 없을 때 문제 제기가 되어야 하는데, 감당해나가는 과정이 삭제되어 있다고 해야 할까요? 특히 초등학생, 중학생 부모들이 그 부분에 대해서 굉장히 과민한 것 아닌가, 생각이 들어요. 조금이라도 문제가 생기면 순식간에 히스테릭하게 변해서 엄청난 문제가 생긴 것처럼 반응하곤 하는 것 같습니다.

하지현 요즘 문제가 되는 데이트 폭력 같은 경우도 우리가 지금까지 얘기한 것과 같은 맥락일 수 있는 게, 아이들의 자기중심성은 연인 사이에서 굉장한 공격성으로 표출될 수 있어요. 가령 상대가 통제가 안 되는 순간, '네가 어떻게 나한테 이럴 수 있어!'라는 식으로 반응하는 거거든요. 굉장히 자기중심적인 반응이죠. 그러니까 '내가 이렇게 노력을 했는데 너는 왜 내 사랑을 받아주지 않는 거야!'라고 착각을 한단 말이죠. 나를 중심으로만 바라보면서 사랑에 대해서 잘못 생각하는 거죠. 이런 친구들을 상담해보면 데이트 문제 때문에 고민을 굉장히 많이 해요.

　고등학교 때 고민하는 애는 예뻐요. 하지만 대학생이 된 다음 또는 성인이 돼서 데이트라는 걸 처음 하면 멘붕에 빠지게 돼요. 왜냐하면 성인이 되어서야 비로소 처음 경험하는 사회성이거든요. 그럴 때 이 친구들이 생각하는 건 노력하고 열심히 하면 된다예요. 그래서 내가 이 여자친구한테 자주 연락하고 선물도 많이 하면서 정성을 쏟으면, 당연히 돼야 한다고 생각해요. 마치 게임을 하듯이, 내가 이렇게 노력하면 아이템이 돌아와야 한다고 생각하는 거예요. 인간관계는 그게 아닌데,

이미 아닌 관계는 아니라고 생각해야 하는 건데. 그 부분에 대해서 어느 순간 도를 넘으면 '내가 방향이 잘못됐구나'라고 여기기보다 '네가 어떻게 나한테 이럴 수 있어, 감히 네가 나한테' 이렇게 생각하고, 하물며 그 엄마도 애한테 "걔가 잘못했네"라고 말한단 말이에요. 우리 귀한 아들을 아프게 해, 우리 애가 뭐가 문제가 있다고, 라고 생각하는 거죠.

　그런데 스토킹과 집념의 차이는 종이 한 장 차이잖아요. 모든 스토커는 자신이 사랑했다고 말하지 스토킹했다고 생각하지 않아요. "나는 그 사람을 열렬히 사랑해서 그 사람의 동선을 파악해서 그 사람이 오는 길 앞에서 얘기하려고 기다렸을 뿐이에요" 내지는 "얘가 밤에 작업실에서 작업하는 걸 알고 있기 때문에 다른 사람과 함께 있을 때 얘기하면 불편할까 봐 둘만 단둘이 얘기하기 위해서 찾아갔을 뿐이에요. 내가 잘못했나요? 내가 뭘 잘못했다고 나를 무서워하고 경찰에 신고하고, 저는 이해할 수 없어요"라고 스토커가 얘기해요. 자기는 이해가 안 가는 거예요. 내가 하는 이 행동이 상대에게는 위협적이고 폭력적일 수 있다는 것을 알 수가 없어요. 그러다가 어느 순간에는 내가 이렇게 노력을 했는데, 그러면 이 정도가 돌아와야 하는 거 아닌가, 공정하지 않다고 생각하는 거예요. 공정하지 않다, 그러니까 내가 공격하거나 화를 내거나 혼을 내는 건 타당하다, 그렇게 생각하는 거죠.

머릿속 세계의 완전성과
현실의 불완전성

엄기호 모든 사람이 근본적으로 타자를 자기화해서 이해하는 건 사실이죠. 상황을 시뮬레이션해서 이해하는 것도 사실이고요. 그럼에도 불구하고 중요한 게, 이것이 시뮬레이션이라는 사실은 알고 있어야 하거든요. '이건 내가 지금 머릿속으로 시뮬레이션해서 이렇게 될 거라고 생각하는 것이지 실제로 그렇게 진행되지는 않을 수도 있다', 이런 생각을 하고 있어야 상대방의 기분을 알아챌 수도 있고 예기치 않은 반응에 대해서도 당황하지 않을 수 있죠.

아즈마 히로키라는 일본 문화비평가의 표현 중에 '게임화된 현실'이라는 말이 있어요. 그 말을 응용하면 모든 일을 정말 게임처럼 생각하면서 내가 시뮬레이션한 대로 통제가 되고 일이 굴러갈 거라고 생각하고, 그렇게 시뮬레이션한 데에서 내가 이렇게 열심히 하니 아이템이 주어지듯 뭔가가 주어질 것이다, 라고 생각하는 경향을 말합니다.

이전에 제가 어딘가에 그런 표현을 쓴 적이 있어요. 이제 사람의 성장이라는 게 업그레이드로 바뀌어버렸다. 스테이지 원 클리어 하고 아이템 장착하고, 스테이지 투 클리어 하고 아이템 장착하는 게 마치 성장인 것처럼. 이런 식으로 보면 우리가 앞서 얘기한 만능감도 그런 데서 오는 것 같아요. 물론 시뮬레이션을 하면서 갈 수밖에 없죠. 다만 어디까지나 시뮬레이션이라는 것을 인지해야 해요. 그런데 그게 불가능한 거죠.

하지현　게임이나 환상이라고 얘기하는 가상 세계, 시뮬라크르일 수도 있는 이 세계의 완벽성과 달리 현실은 불완전할 수밖에 없다는 것을 이해하고 받아들여야 하는데 그걸 받아들이지 못한다는 게 문제의 핵심이라는 생각이 들어요. 그러니까 모든 것에 만족이 안 되는 거예요. 예를 들어 엄친아 있잖아요. 엄친아가 그런 존재인 거죠. 공부도 잘하고, 훌륭한 외모에 성격도 좋고, 여자한테도 인기가 많고, 회장도 하는 그런 사람. 그런 누군가가 있을 거고, 나도 언젠가 그렇게 되고 싶다는 생각 속에서 사니 인생이 만족스럽기 어렵죠.

　제가 상담을 할 때 꽤 성취한 분들을 만나서 얘기하다 보면 제가 해주고 싶은 것과 상대가 원하는 게 달라요. 상대는 자기 불편감, 불안, 강박 같은 걸 없애고 싶어 해요. 그걸 통해서 더 완벽해지고 싶은 거죠. 이 흠집을 없애는 걸 통해서 자신의 코어가 아주 완벽해지길 원하죠. 이것을 생활기스라고 비유하면 그 부분을 완벽하게 눈에 보이지 않게 코팅해서 완전한 신품을 만들어주길 바래요. 5년 쓴 것임에도 불구하고 말이죠. 그런데 저는 거꾸로 이건 있을 수 있는 기스니까 인정하고 이런 기스는 사는 데 전혀 문제없으니까 괜찮잖아, 라고 받아들이게 하려고 하죠.

　예를 들면 이런 겁니다. 양궁의 과녁이라고 치면 사실 우리 같은 사람들은 수십 미터 앞에 있는 과녁 패널 안에라도 맞히면 잘했다고 할 만합니다. 그런데 사람들이 욕망이 강해지다 보니까 한가운데 10점에만 화살이 꽂혀야 된다고 생각해요. 봐줘야 9점까지. 8점만 돼도 못 쐈다고 하는 거죠. 무슨 올림픽 결승도 아닌데 말이에요. 그러니 뭘 해도 만족을 하기 어렵고 조금만 벗어나도, 사실 이 정도면 잘했다 싶은 것인데도 문제가 있다고 여기면서 살아갑니다. 내가 한 행동에서 성취감이나 긍정적 피드백을 받기가 어려워지는 것이죠. 자기가 만든 '이 정도는 돼야 해'라는 기준치가 너무 높아서요.

성취한 사람일수록 한편으로는 그런 게 있어요. 환경의 압력이 커요. 환경의 압력이 크다 보니까 완벽해야 되는 거죠. 올 1등급 찍어야 서울대 갈 둥 말 둥이라잖아요. 서울대 가서 전체 1등 손 들어 하면 다 손 든다면서요. 하나라도 안 되면 안 된다는, 시간을 더 거슬러 올라가면 초등학생의 올백 신화가 있죠. 초등학교까지는 가능하죠. 국영수예체능 다 잘하는 게. 하지만 올라가면 그 자체가 불가능할 뿐만 아니라 그럴 필요도 없는데, 그게 불필요하다는 걸 인정하지 못한 채 계속 올백 신화가 올 1등급 신화로 이어지고, 커리어에 흠집 없이 그대로 가야 하는 거고, 여자 같은 경우는 슈퍼우먼이 돼야 하는 거고, 그 라인업을 고수해야만 한다는 신화. 물론 실제로 그런 사람들이 세상에 있죠. 그러면 그런 사람이 있나 보다 생각하면 되는데 '내가 왜 그게 안 됐을까?' 생각하면서 스스로를 루저로 몰아붙이는 거예요. 그렇게 되면서 사회 전체가 모 아니면 도, 'all or none'의 구조가 돼요. 위로 가면서 서서히 좁아지는 구조가 아니라, 결정체화된 극히 일부가 정점에 있고 나머지는 전부 모자라는 사람들, 이런 생각을 하면서 살게 되는 구조라는 겁니다. 그럼으로써 세계를 불확실성이 없는 순수의 세계로 인식해요. 정체성이 순수한 상태로 유지될 수 있는, 순수하고 일관되고 질서정연하고 완벽한 세상. 원래 세상의 속성인 불완전함, 무질서와 어긋남, 흐릿한 앞날은 경험하지 않게 되는 거죠.

엄기호　자신이 생각한 머릿속 세계의 완전성과 현실의 불완전성에 대해서 말씀하셨는데, 같은 맥락일 수도 있을 것 같은데요, 이전보다 강의실에서 화내는 학생들이 확실히 많아졌어요. 물론 굉장히 조심스러운 얘기예요. 이게 학생들의 문제냐, 그렇게만 볼 수 있는 건 아니거든요. 그럼에도 불구하고 어쨌든 이 학생들을 가르치다 보면 '이게 과연 교육인가' 하는 회의가 심하게 들어요. 제 수업은 잘되는 편이어서 솔직히 수업에 관한 걱정은 별로 한 적이 없었는데, 올 초에 개인적일을 겪은 이후로 학교에 돌아와서 심하게 회의가 들었던 것 중의 하나가 '이게 과연 교육인가, 수업이 잘되는 건 확실한데 그렇다고 해서 내 수업을 듣고 있는 학생들이 성장하고 있는 것인가' 하는 생각이 들었어요.
　어느 날 보니까 저와 학생들의 관계가 가르치고 배우는 관계가 아니라 엔터테이닝을 하는 관계인 거예요. 웃기는 표현일 수도 있는데, 학생으로서 제 수업에 들어오는 학생들도 있지만 '팬 분'들이 오세요. 요즘 중고등학교에서도 많이 벌어지는 현상이거든요. 열심히 하는 선생님들, 수업을 잘하려고 노력하는 선생님들, 정성을 쏟으려고 하니까 고맙고 그래서 주변에 따르는 학생들, 팔로워들이 생기는데 팔로워들의 태도가 의도하지는 않았겠지만 약간 스타와 팬의 관계와 비슷해져요. 자기 얘기를 하고 이러면서 성장해가는 게 아니라 선생에게 맞춤형의 얘기를 하면서 그게 좋은 학생이 되는 거라고 생각해요. 선한 의도를 가지고 벌어지는 일이지만 배움의 현장이 그런 식으로 엔터테이닝을 하는 관계가 되는 거죠. 실제로 제 수업을 들었던 학생도 자기가 이런 식으로 얘기하면 선생님이 기뻐할 줄 알았는데, 제가 그에 대해서 별다른 반응을 보이지 않자 3주인가 4주 만에 수업을 포기하더라고요. 자기가 시뮬레이션하는 대로 안 돌아가면 이런 식으로 화를 내는 경우들이 많아요.

근대라는 시대를 살아가는 개인은 자기 삶의 주체가 되기 위해 항상 두 가지 태도를 요구받습니다. 미래는 기획하고 과거는 성찰하는 태도입니다. 만사가 생각한 대로 진행되지는 않기 때문이죠. 생각한 대로 진행되지 않은 과거에 대해서는 성찰하며 교훈을 얻고 그 교훈에 입각해서 다시 미래를 기획합니다. 이중에서 하나만 빠져도 문제가 돼요. 그런데 계속 내가 기획한 대로만 굴리려고 하죠. 하지만 현실은 엄연히 다를 수밖에 없잖아요? 그러면 그 간극을 맞춰가려고 노력하는 과정에서 성찰이란 게 이뤄져야 하는데, 이 부분이 부족하다고 해야 할까요?

그런 조급함이 가장 잘 드러나는 게 학기 초 수강 신청을 할 때예요. 학기 초에 교양 과목에서 학생들이 들어왔다 나가는 것을 보면 거의 엑소더스 수준이에요. 강의할 때마다 학생들이 바뀌어요. 사실 수업 한 번 듣고 내가 이 과목을 수강해야 되나 말아야 되나, 이걸 판단하는 게 불가능하잖아요. 좀 더 고민해보고 들을지 말지를 결정해야 하는데, 우왕좌왕해요. 물론 학생들 입장에서도 정보가 없다 보니까 벌어지는 일들이죠. 구조가 사람을 성찰적일 수 없게 하는 것이죠.

하지현　그럴 때 바로 옆의 친구 영향을 더 많이 받게 되죠. 자기가 이 과목을 왜 들어야 하는지 혼자 생각하기보다는 옆에 있는 애들 중에 말을 좀 세게 하는 친구가 "이 과목은 아닌 것 같애" 이러면 우르르 몰려 나가는 거죠. 나만 어떤 걸 하는 용기가 없어요.

결정적으로 의견 없음

엄기호　자아 중심성이 굉장히 강하니까 자의식은 무척 높은데, 자기 의견이라고 이야기할 수 있는 부분은 없고, 그러다 보니까 한편으로는 굉장히 자기중심적으로 생각하면서 어떤 결정을 할 때는 남 얘기에 쉽게 넘어가는 거죠. 자기 의견이 없게 돼요. 우리가 살아가면서 성장한다는 것이 한편으로는 자기 말고 타인이 있다는 걸 인지해가는 것이라면, 다른 한편으로는 의견이 생겨가는 과정이라고 생각해요. 어떤 사건, 어떤 이슈에 대해 내 의견을 계속 만들어가는 과정이 성장인데, 하 선생님이 말씀하시는 것처럼 결정적으로 의견이 없을 때가 많아요. 그래서 어떤 현상이 발생하느냐면, 중고등학교 선생님들, 대학교 교수들도 한결같이 하는 이야기가 학생들이 의견이 없으니까 말하는 방식이 엄청 징징거린다는 거예요. 교사들은 그런 걸 정말 못 참죠. 교사들은 말은 육하원칙에 맞춰서 조분조분 차근차근 해야 한다는 생각을 갖고 있는 사람들이죠. 그런데 학생들이 와서 "선생님, 제가 있잖아요, 그런데요, 있잖아요…" 이러면서 징징거리듯이 말을 하면 어떻게 대응해야 할지를 모르겠대요. 요즘 학생들의 성장에 대한 지표로 이런 부분들이 많이 언급되고 있어요.

하지현 그 부분에서 갑자기 재미있는 이야기가 떠오르네요. 집에 중학교 1학년짜리 아이가 있는데, 얘가 난데없는 얘기를 할 때가 있어요. 예를 들면, "이거는 시즌 투 3화에 나오는 얘기예요." 그냥 딱 이렇게 얘기하고 말을 끝내요. 자기 혼자 생각의 고리들을 죽 이어오다가 갑자기 재미있는 생각이 나서 앞뒤 딱 자르고 그 말을 하는 거예요. 우리가 다 알 거라고 생각하는 거예요. "뭐의 시즌 투인데?" 하고 물어보면 그것도 대답하지 않아요. 자기가 굉장히 재미있어하는 애니메이션, 이를테면 〈원피스〉라면 그것도 극장판은 아니고 TV판 몇 화의 어디에서 나온 얘기인데, 자기 혼자 너무 재미있어서 앞뒤를 딱 자르고 불쑥 그렇게 말하는 거죠. 그냥 가운데 토막만 이야기하는 거예요. 얘 머릿속에서는 아빠가 자기랑 커넥션되어 있다고 생각하는지, 자기중심적으로 보니까 알고 있을 거라고 가정하는 거예요. 모를 거라는 생각을 하지 못하는 거예요. 그래서 앞뒤 설명을 해야 한다는 것에 생각이 미치지 못해요. 그래서 뭐라고 면박을 주면 그냥 짜증을 내요. 상대가 어디까지 이해하고 있을 거라는 걸 고려해서 맥락을 던지면서 이야기해야 하는데, 그러지를 않고 몇 마디 하고는 '왜 이해를 못하지? 왜 모르지? 왜 이해를 못해주지?' 그렇게 생각해요. 징징거리는 아이들의 경우도 한편으로 자기는 답답할 거예요. 어떻게 해서든지 상대가 알아줬으면 좋겠는데.

세상에 적응하는 방법에는 두 가지가 있다고 보는데, 하나는 나를 구겨 넣는 방법, 맞추는 방법이 있고, 또 하나는 환경을 내가 원하는 방식으로 바꾸는 방법이에요. 이 두 개를 적절히 조화롭게 사용하면서 우리는 적응을 해나가는 거겠죠. 그런데 일부 친구들의 자아 중심성의 세계에서는 나를 구겨 넣을 생각이 없어요. 그리고 환경을 바꾸고 싶지도 않아요. 환경이 알아서 바뀌어줬으면 좋겠는 거죠. 이게 문제인 거예요. 그래서 "여긴 왜 이래?" 이런 말을 많이 해요. 할아버지들이 태국 여행 가면 많이 하는 얘기 있잖아요. "여긴 왜 이래?"

엄기호　본인이 그런 곳에 갔는데. 그런 곳에 갔으면 본인이 노력해야 하는데.

하지현　그렇죠. 할아버지들이 태국 여행 처음 가시면 "밥이 왜 이렇게 나오는 거야? 왜 소주가 안 나와?" 그러면서 막 역정을 내시죠. 이 친구들도 나를 변화시키려고 노력하기는, 내가 변하기는 싫은 거예요. 그렇다고 환경을 조작할 용기는 없고. 누군가가 환경을 바꿔서 나한테 맞춰주기를 바라니까 징징거리는 거죠. 그래서 "왜요? 왜 안 돼요? 왜 저는 사정을 봐주지 않으세요?" 이런 이메일을 교수한테 보내는 거예요.

엄기호　의견을 가진다는 것은 세상과의 대면 속에서 열심히 성찰을 해서 나만의 고유한 언어를 만들어나가는 것이죠. 그리고 모든 의견은 이견의 형태를 띨 수밖에 없잖아요? 그러자면 선생님이 앞서 말씀하신 대로 일단 타석에 들어서야 하거든요. 타석에 들어서지 않고 의견을 가진다는 것은 가능하지 않죠. 그저 관전평 정도가 되는 것이겠죠. 사실 이 부분이 매우 중요합니다. 미디어가 점점 더 대다수의 시민들을 관전평, 품평을 하는 사람들로 만들고 있어요. 댓글을 달고, ARS를 돌리고, 시청자 게시판에 글을 올리고 하는 등등이 마치 의견을 이야기하는 것 같지만 사실은 그저 품평을 하는 것에 지나지 않거든요. 의견을 말하는 것이 참여자의 입장이라면 품평은 구경꾼의 언어예요. 우리는 구경꾼의 언어가 마치 의견인 것처럼 착각하고 있습니다. 타석에 들어서지 않은 상황에서 뭔가 얘기를 계속 해야 하는데 자기만의 의견이 안 만들어지니까, 계속 징징거리는 형태로 이야기를 하게 되는데, 그 상황이 자기도 답답하거든요. 그러니까 결국 화내고 짜증을 내는 거겠죠.

하지현 '내가 저 사람을 이해시키지 못하고 있나 보다' 생각하고 다른 방법을 찾아야 하는데 그럴 생각을 못하는 거예요. 중국 사람을 만나서 이야기를 하는데 "아휴 왜 못 알아들어!" 그러면서 짜증내는 거죠.

정답을 찾아, 구경하는 공부

엄기호 세계가 복수라는 것을 아는 것은 중요하죠. 이게 어떨 때 드러나느냐면 한국에서 영어 공부한 학생들은 영어를 당연히 아메리칸 잉글리시라고 생각해요. 그런데 이런 학생들과 국제회의에 가보면 많이 당황하는 걸 느껴요. 왜냐하면 세상에는 엄청나게 다양한 영어가 있기 때문이죠. 인도 영어, 아프리카 영어, 남태평양 영어, 호주 영어… 온갖 영어가 있는데 그중에서 이 학생들이 들을 수 있는 유일한 영어는 미국 영어죠. 다른 영어로 얘기하는 것은 듣지를 못해요. 그러다 보니 끝나고 나서 항상 무슨 이야기를 하느냐면, 쟤네들 왜 저렇게 말을 하느냐, 저거 영어 맞느냐, 그래요. 다양한 형태의 영어들을 알아들을 수 있어야 한다고 생각하지 않고, 다 미국식 영어로 말을 해야 한다, 쟤네가 후진 거다, 라고 생각하죠.

하지현 다양성을 인정하지 못하는 거죠. 앞서 선생님이 하신 이야기도 같은 맥락에서 생각할 수 있는 것 같아요. "그래서 정답이 뭐냐?" 이렇게 효율성이 지나치게 강조된 채로 아이들이 학습을 받아왔어요. 사교육의 문제일 수도 있죠. 선생님의 경우 수업에서 토론이 활발하게 일어나는 것을 원하실 수 있잖아요? 힘들게 한 학기 지나고 나서 뭔가 '아, 이런 거였구나' 하고 깨닫게 하기 위한 교수법일 텐데, 아이들에게는 그런 방식이 너무 익숙하지 않은 거죠. '이번에 수업 목표가 네 가지면 그걸 빨리 익히고 써먹을 수 있게 선생님이 해줘야지 왜 자꾸 말을 시키지? 말은 선생님이 해야지 왜 내가 해야 돼?' 이렇게 생각하는 거죠.

엄기호 특히 공부 잘하는 학생들이 토론식 수업을 싫어하는 경향이 있습니다. 의견을 만든다는 것은 다른 다양한 의견들을 들어보고 그 속에서 자기 생각을 만들어나가는 것인데, 이 과정에서 누구나 의견을 말할 수 있다고 생각하지 않고 정답을 말해야 한다고 생각해요. 그러다 보니까, '아니, 당신은 교수니까 알고 있잖아, 정답을 얘기해주면 되지 왜 자꾸 귀찮게 우리더러 토론하라고 하면서 민망하게 만드는 거지?' 이런 생각을 하죠. 저 같은 경우 둘씩 또는 셋씩 캐주얼하게 토론을 시키는 편이에요. 특히 돌발적인 토론을 많이 시키는데, 그 이유는 그렇게 돌발적인 토론을 해야 다른 사람들은 같은 걸 어떻게 다르게 보고 다르게 이야기할 수 있는지가 잘 드러나거든요. 그런데 그 과정이 짜증이 나는 거죠. 다 쓸데없는 소리인 거예요. 정답이 아니니까. 학생들 머릿속에서는 어차피 토론이 끝나고 나면 제가 정답을 얘기해줄 거니까요. 어차피 그럴 건데 뭐하려고 아까운 시간에 이런 걸 해야 하나. 또 퀴즈식 비슷하게 "지난 시간에 내가 이런 걸 뭐라고 했지?" 하고 물으면, 이를테면 물신화라고 하면 말이죠, 학생들이 물신화를 찾는 과정에서 다른 엉뚱한 것들을 이야기할 것 아니겠어요? 그런 엉뚱한 대답들 속에서 오히려 '아, 그것도 괜찮네' 하는 새로운 생각들이 등장하기도 하기 때문에 저는 그 과정을 시간 낭비라고 생각하지 않거든요. 그런데 그것도 짜증이 나는 거예요. 답을 아니까 그냥 빨리 얘기해달라. 저는 이걸 '매끄럽게 공부하는 것에 익숙해졌다'고 이야기해요.

하지현   매끄럽게 공부한다고 말씀하시니 생각나는데, 하다 못해 요즘 교재는 형광펜까지 다 칠해져서 나오더라고요. 내가 칠하지 않아도 되게. 그런 수고까지 덜어줄 정도로 매끄럽죠.

엄기호 공부를 '하는doing' 게 아니라 '구경'하는 거예요. 교재에 형광펜이 다 칠해져 있다니, 세상에 그런 공부가 어디 있어요? 교과서를 요약해서 설명해주는 것이 교재인데 그걸 또 형광펜으로 요약까지 해주고, 끝나고 나면 요약정리 또 해주고 핵심문제 또 따로 나오고…. 그러니까 계속 구경하는 형태예요. 존 듀이가 말한 대로라면 '언더고잉undergoing', 즉 겪는 게 있어야 하는데 그게 사라져버리는 거죠. 공부 '중독'이라고 하는데 중독될 '실재'는 없어요.

하지현 음, 물론 요약정리가 중요한 학문이 있죠. 예를 들면 의학이나 법학 공부에는 그런 것이 필요해요. 굉장히 방대한 양의 지식을 습득해서 어디에 뭐가 있는지를 얼추 알아가면서 개념을 정립해나가는, 새로운 것을 만들어내기보다는 기존의 체계를 짧은 시간에 얼마나 잘 습득하는가가 목표인 분야라면 그런 공부가 필요하죠. 그런데 사회학이라든지 물리학이라든지 자기 생각을 만들어내는 것이 목표인 학문이라면, 어떻게 하면 나만의 생각을 만들어낼 것인가가 목표가 되는 분야에서는 그렇게 공부하면 안 되죠.

예를 들어 의학에서는 저 정도의 경력, 한 20년 정도 되면 이제야 '내 식의 치료가 있어'라고 말할 수 있지만, 서른다섯 살의 레지던트 2년차가 자기만의 수술법으로 수술해보겠다고 하면, 소송당하는 게 당연하죠. 기존의 가이드대로 얼마나 안전하게 할 것인가가 더 중요한 분야니까요. 그리고 그런 공부가 맞는 사람들이 있고요. 분야에 따라서 공부 체계가 달라야 하죠. 그런데 우리는 요약정리 식의 공부만 가르치고 있잖아요. 그래서 얼마나 방대한 양을, 얼마나 짧은 시간 안에 효율적으로 한눈에 들어오게 제공해줄 수 있는가가 교사의 자질이라고 오인이 되고 있어요. 그렇게 일부 영역에서만 적용되어야 할 것을 전 영역에 걸쳐 확대 재생산하고 있는 것이 심각한 문제죠.

엄기호 굉장히 매끈하게 요약정리해서 정답을 향해 어떤 주저함도 없이 돌진하는 형태가 모든 공부의 전형이 되어 있고, 그런 식으로 공부해야지만 안심을 하고 시간 낭비가 아니라고 생각을 하고 있죠. 이렇게 되다 보니까 조금 전에 말씀드린 대로 의견이라는 것이 만들어지지 못하는 것이고, 다른 한편에서는 내 의견과 다른 의견들 속에 섞이지 못해 너무나 괴로워하는 거예요.

오직 매뉴얼

하지현 또 하나는 그런 경향이 워낙 강하다 보니 '디투어링 detouring'을 견디지 못해요. 서울에서 부산 가는데 KTX 아니면 비행기, 이것 말고는 다른 생각을 못해요. 국도 타고 가다가 재미있으면 중간에서 하루 자고 그러다 내키면 동해안으로 빠져서 7번 국도 타고 내려가고… 이런 것은 바보 같은 짓이 되는 거죠.

'내일로' 아세요? 25세 이하면 5만5천 원 내고 닷새를 풀로 기차 타고 여행할 수 있는, 유로 패스 같은 게 생겼어요. 제가 3년 전만 해도 방에 콕 박혀서 놀고 있는 젊은이들한테 그걸 하라고 권했거든요. 그게 17만 장이나 팔렸다고 하고, 그것 때문에 여름에는 기차가 똥간이 되었다고 하더라고요. 처음에는 그 친구들에게 정말 좋은 경험이 될 것 같다고 생각했어요. 완행열차를 타고 낯선 도시에 내려서 먹고, 구경하고, 여인숙 같은 데서 자고, 민박도 해보고. 그런데 요즘 어떤 문제가 생겼느냐면, 인터넷에 족보가 다 떠버린 거예요. 어디 가서 뭘 타고, 어디로 가면 뭘 보고, 무슨 식당에서 뭘 먹고, 어딜 가면 샤워를 할 수 있고. 그래서 참 좋긴 한데, 이걸 알고 나면 다른 길을 갈 수 없게 되는 거예요. 이게 뭔가 싶죠.

약간의 팁은 중요할 수 있어요. 유럽 여행 할 때도 하루를 아끼기 위해서 어떤 야간열차를 타고 뭘 어떻게 한다는 식의 팁은 있으니까요. 그런데 이런 족보가 뜨면서 누가누가 얼마나 빨리, 효율적으로 이 코스를 다 도는가를 두고 경쟁이 붙는 거예요. 그러니까 동일한 루트들을 똑같이 가요. 효율성이라는 이유로 디투어링이 줄 수 있는 여유를 찾지 못하게 되는 거죠. 하지만 그 이면에는 의외성을 두려워하는 마음이 있는 거예요.

엄기호 '최적화optimizing'의 논리인 거죠. 삶을 최적화하는 것이 최고의 가치, 최고의 기쁨이 되고 있어요. 컴퓨터도 하드디스크 공간이 충분한데 부러 최적화를 습관적으로 하고, 그러면 컴퓨터가 훨씬 잘 돌아가는 것 같고, 공부가 더 잘되는 것 같고 하는 것처럼요. 시간도 공간도 계속 최적화해서 사는 것을 추구하고 거기에서만 기쁨을 얻다 보니 최적화되지 않은 것을 견디지 못해요. 최적화하려고 하면 할수록 의외성, 낯섦, 타자는 사라져버려요. 그래서 삶에 이런 것들이 끼어들 때마다 너무 화가 나는 거죠. 학생들만 그런 것이 아니고 전반적으로 그래요. 돌발적인 일이 조금만 생기면 견디지를 못해요. 그러다 보니 문제가 되는 것이 공부라고 하는 게 매뉴얼화되는 거예요. 삶도 매뉴얼화되고요. 의외성과 낯섦을 지나치게 위험시하다 보니 반작용으로 사람들이 각자의 삶을 최적화할 수 있는 매뉴얼을 강력히 원하게 되는 거죠.

하지현 강박장애가 점점 늘어나고 있는 맥락과 비슷해요. 그만큼 밖이 위험하다고 느끼는 거예요. 위험 사회라고 여기기 때문에 매뉴얼이 있어야 하는 거죠. 매뉴얼이 있든지 메시아가 있어야 한다. 매뉴얼만 따라 하면 되든지 이 사람만 따라가면 되는 것, 그리고 난 생각을 안 하면 좋겠어. 그 두 가지만이 위험한 사회에서 나를 지킬 수 있는 방법이라고 생각하는 거죠. 그런 사람들일수록 자신이 안전하다고 여기는 공간이 매우 좁아요. 예를 들어 집 안에서는 편안한데 동네 나가는 것도 무서운 거예요. 무슨 일이 벌어질지 모르니까. 위험한 상황이 벌어지는 것을 피하기 위해 모든 상황을 통제하기를 원해요. 강박증의 증상들이 씻고, 모으고, 정돈하고 하는 것이죠? 다 상황을 통제하고 위험을 예방하기 위한 행동들입니다. 그러면 안전해진다고 여길 수 있어요. 다만 거기에 쏟는 에너지가 너무 많다는 것이 문제죠.

일단 안전이 담보되면 그다음에는 최적화와 효율성이에요. 방어에 에너지를 과다 지출했으니 이제 행동은 최적화해야 한다고 여기는 것일지도 모르죠. 더 이상 쓸데없는 낭비는 안된다, 이렇게요. 그리고 최적화, 효율성이 공부를 통해서 몸에 체화되어 있기 때문에 은연중에 모든 삶의 영역에서 그걸 원하죠. 육아에서도 그렇고 인테리어에서도 그렇고. 포털에 있는 정보들은 다 그런 것을 지향하고 있는 것 같아요. 수납하는 법, 인테리어 방법, 최적화된 여행 경로…. 그러다 보면 잃게 되는 것이 의외성이죠. 세칭 혁신은 안 일어난다는 거죠. 버전 1.0에서 2.0으로는 절대 가지 못하는 거예요.

엄기호　여기서 우리는 사람의 성장과 관련해서 진퇴양난의 상황에 처해 있는 것 같아요. 한편에서는 단계론적인 성장이 점점 더 불가능해지고 있습니다. 사람들이 다 묻죠. 이걸 한다고 다음 단계로 갈 수 있느냐고요. 다음 단계가 안 보이니 점점 더 안 움직이려고 합니다. 움직여 봤자 남는 게 없다고 생각하거든요.

다른 한편에서 신자유주의라는 체제가 도약을 도박으로 만들었습니다. 인생 한 방이라는 거죠. 그래서 모두가 다 창업을 해서 대박을 터트려야 한다는 식으로 몰고 갑니다. 단계론적 성장은 성장대로 불가능해지고 도약은 도약대로 도박이 되어버린 거죠. 그러니 최대한 안전한 것을 추구하려고 하지 않을 수 없습니다. 공무원 시험에 올인하게 되는 게 그런 것이죠. 거긴 최소한 안전성과 다음 단계에 대한 보장은 있거든요. 도약은 불가능하지만요.

하지현　도약이 일어나지 않은 채 그 안에서 안전만을 추구하니 시장도 그렇고 경쟁 체제 자체가 썩는 거죠. 환경 자체가 급격하게 변했을 때 유연하게 대처하지 못하는 상황이 벌어집니다. 높은 순도를 원할수록, 즉 균질성을 추구할수록 급격한 환경 변화에 의해서 멸종이 일어난다고 알려져 있죠. 그렇기 때문에 항상 모든 개체는 5~10퍼센트 정도의 이질적인 개체들을 용인하고 남겨둡니다. 언젠가는 필요할 수 있는 개체들이기 때문에 보존되는 거예요. 일상적인 상황에서는 다소 불필요하게 느껴질 수도 있지만 비상 상황에서는 분명히 필요한 사고방식과 행동 유형들이 있을 텐데, 지금 우리 사회에서는 그런 사람들을 부적격자로 여깁니다. 사실은 그 사람들의 숨통을 틔워줘야 해요. 성공은 못하더라도 적어도 1인분으로서의 삶을 누릴 수 있게 자리를 마련해야 하는데, 그러지 못하고 있어요.

엄기호 '무엇이 위험한 것인가' 하는 부분에서 급격하게 바뀐 게 있어요. 지그문투 바우만의 이야기 중에 재미있는 것이 있어요. 19세기 말에서 20세기 초에는 아이들의 성性에서 자위를 위험시해서 아이들이 자위를 하지 못하도록 온갖 제재 방법들을 고안했다면, 지금 아이들의 성에서 가장 위험시하는 것은 아동 성폭력이죠. 뭘 위험하다고 보느냐가 달라진 거예요. 과거에는 부모가 아이의 침실을 감시했는데 지금은 부모가 아이의 침실을 감시하는 것을 위험시하는, 아동 성폭력이 대부분 근친 성폭력의 형태로 나타나다 보니까 아이 주변의 모든 타자를 위험시하는 것으로 넘어간 거죠.

아동 성폭력은 정말 심각한 문제이기 때문에 강력하게 제재하고 처벌해야 하지만 바우만은 일체의 타자들로부터 떨어져 나가는 삶을 말하기 위해서 이런 얘기를 하는 거죠. 옛날 같으면 아이 안고 나가면 할머니 할아버지들이 "아이고 까꿍, 몇 살이에요?" 하고 물어보고 거기에 또 스스럼없이 대답하고 그랬지만 요즘에는 대부분의 부모들이 싫어하잖아요. 병균이 옮을 수도 있고, 위해를 당할 수도 있다고 생각하니까. 될 수 있는 한 위험을, 타자를 멀리해야 하는 상황이 되다 보니, 계속 '균질성homogeneity'의 상태에서 면역력 없이 죽 자라다가, 학교에 가서 문제가 벌어지죠. 나와 다른 존재들과 모이는 공간이니까요. 여기서 일차 탈락이 나타나죠. 그런데 오히려 군대 가서 좋아하는 학생들이 나타나는 거예요.

하지현 그렇죠. 군대 가면 사람 취급도 받아보고, 인정도 받아보고 그러니까요. 공부가 아닌, 훈련 잘하고, 시키는 일 잘하고, 뒤끝 없고, 싹싹하고, 눈치 빠르고, 이런 행동이 굉장히 사랑받는, 굉장히 다른 조직을 경험하게 되는 거죠. 무척 다른 방식으로 인정받고 서열이 매겨지죠. 반면 공부 잘하는 아이들은 도저히 이해가 안 가는 거예요. '왜 저런 애가 인정을 받을까?' 자기는 20년 살면서 본 적이 없는 이상한 가치 체계인 거죠. 왜 하사관님은 나를 좋아하지 않을까, 나는 서울대 나와서 또는 미국 대학 나와서 여기 이러고 있는데 왜 고등학교만 졸업하고 요리사 자격증 받은 애를 좋아할까. 이해가 안 가는 거예요.

엄기호 모르는 존재는 우리에게 두 가지 감정을 일으키죠. 하나는 두려움이고 하나는 호기심이에요. 공부라는 것이 끊임없이 모르는 존재를 만나는 일이잖아요? 모르는 걸 만났을 때 이 두 가지 감정이 다 일어나요. 그런데 중요한 건 '두려움을 어떻게 호기심으로 바꿔줄 것인가'죠. '낯설긴 하지만 재미있네?' 이렇게 두려움을 호기심으로 전환시켜주는 것, 그렇게 꼬시는 것이 교육이에요. 물론 낯선 것을 만나면 기본적으로 너무 두렵죠. 그런데 그런 두려움을 호기심으로 바꿀 수 있는 기제가 지금은 딱 끊겨 있어요. 이렇게 되면 성장이라는 것이 절대 일어나지 않죠. 자기 안의 세계, 자기가 알고 있는 세계에만 안주하게 돼요. 학생들은 이런 얘기도 많이 해요. 지금 이것만으로도 충분히 재미있는데, 뭘 굳이 바깥으로 나가야 하고, 굳이 새로운 것을 알아야 하고, 새로운 존재를 만나야 하느냐고요.

하지현 그러다 보니까 '적당히'라는 게 없어요. 이쪽 아니면 저쪽이죠. 이쪽 아이들 중에는 매뉴얼대로 최적화된, 각 잡힌, '와 대단하다' 싶은 아이들이 있어요. 서울의대 편입시험 면접관으로 들어가서 보면 지원한 아이들의 스펙이 어마어마하대요. 서울대나 미국의 아이비리그 대학 출신 애들이 공손하고, 말도 잘하고, 똑똑하고, 부모님이 누구인지 궁금할 정도의 아이들이 많다고 해요. 그런데 그런 애들을 뽑아놓으면 실망스러운 경우가 많답니다. 특히 3학년 정도 되면. 사실은 공부 능력보다는 '소셜 스킬'을 갖고 살아야 하는 데가 병원이거든요. 병원 안에서 비비고 살아야 하니까. 1, 2학년 때까지는 공부지만 3학년 때부터는 환자도 면담해야 하고, 누가 뭘 물어보면 웃으면서 대답도 해야 하고, 그래야 사랑도 받고 그러거든요. 특히 인턴, 레지던트 때 그렇죠. 그런데 거기서 자꾸 문제가 생기는 거예요.

특히 정신과가 각광받으면서 최근 7, 8년 동안 똑똑한 친구들이 정신과에 많이 지원했어요. 그런데 이 친구들이 정신과 의사가 잘 어울릴까 하는 의문이 들 때가 있어요. 정말 똑똑하고, 공손하고, 예쁘고, 잘생기고, 영어도 제2외국어도 너무 잘하고… 그런데 정신과의사가 가져야 할 파이팅이 없어요. 아울러 자기가 살아온 세계가 너무 좁으니까 연민이나 사람에 대한 이해의 폭도 좁고. 마치 요즘 교사들이 공부 못하는 애들을 이해 못하는 것과 비슷해요. "왜 학교를 안 가니?" 이런 식, "이 정도면 가난한 건가?" 이런 식…. 머릿속에 상식이 안 만들어져 있어요. 수많은 상식의 틀들이 필요하고 감정의 진폭들이 필요한데 그게 안 되어 있는 거예요.

한쪽 그룹의 친구들이 이런가 하면, 반대쪽 그룹에는 너무 '흐트러져 있는disorganized' 친구들이 있어요. 하자나 시민단체, 아니면 홍대 근처에서 공동체를 만들어 뭔가를 하고 있는 친구들을 보면—물론 다 그렇지는 않죠—어딘지 모르게 책임감도 없고, 훈련도 전혀 안 되어 있고, 약간만 압박감을 느껴도 도망가버리고, 그렇게 모임을 '만들었다 깼다'를 반복하면서 적당히 굶어죽지는 않고 살고 있는데 성인으로서의 책임과 의무 같은 것은 없고. 히피라고 하면 주관이라도 있는데 그런 주관도 없고. 그런 그룹이 꽤 많이 자라나고 있는 것 같아요.

공정함에 대한 집착,
오버퀄리파잉 사회에서 살아남기

엄기호 의대생들 이야기를 하시니 생각나네요. 제가 지방 의대에서 강의를 한 적이 있거든요. 이들을 보니 격리된 학생들이에요. 왜냐하면 엄청난 엘리트들이고 자기들도 엘리트 의식이 강해서 자신은 이 대학의 다른 학생들과는 다르다는 생각이 엄청 강해요. 한 해에 백 명을 뽑는데 그 백 명이서 6년을 쭉 함께 가요. 자기네들끼리 사귀고, 헤어지고, 그 안에 온갖 동아리가 다 있어요. 저는 그때 '이 안에서 안 미치면 멘탈이 정말 튼튼하겠구나' 하는 생각마저 들었어요.

하지현 이 친구들은 다른 과 애들이랑 차이가 너무 많이 나니까 자기들도 어쩔 수 없이 갖게 되는 마음이 있죠. 그러면서 자기들끼리 선민의식을 만들어가요. 그러니 보상심도 되게 강하고. 그런데 이런 친구들이 일부 나중에 이상한 행동을 해요. 결혼할 때 아파트 사와라, 뭐 그런 거죠. 그런데 이런 것을 요구할 때 무척 진지해요. 스스로는 적절한 보상이라고 생각하는 거죠.

똑같은 게, 요즘 젊은이들은 "왜 비정규직에게 정규직을 쉽게 줘요?" 그래요. "내가 정규직으로 들어오기 위해서 얼마나 많이 노력했는데, 이 사람들은 비정규직으로 쉽게 들어와선 2년 있었다는 이유만으로 정규직이 바로 돼야 해요? 이건 불공평해요." 이 친구들에게는 이게 합리적인 생각이에요. 그러면서 "그렇게 생각하면 2년 전에 나도 충분히 여기 쉽게 올 수 있었어요. 다른 좋은 데도 갈 수 있었어요"라고 말하죠. 이 친구들은 내가 공부를 그만큼 많이 했고, 그래서 투자한 것만큼 돌려받아야 한다고 생각하는 거예요.

엄기호　적절한 보상이라고 말씀하셨잖아요? 그들에게는 세상이 안 공정한 거예요. 나는 죽을 둥 살 둥 공부해서 서울대 왔는데, 그리고 또 죽을 둥 살 둥 공부해서 정규직이 됐는데 비정규직으로 온 사람들이 갑자기 데모하면서 정규직화해달라 그러면 너는 지금까지 뭘 하고 살아왔는데 그런 요구를 하느냐, 생각하죠. 이게 너무 당연한 거예요. 우리는 차별이 정의롭지 않다고 생각하잖아요. 이들의 경험 세계에서는 차별을 정의롭지 않다고 보는 게 공정하지 않은 거예요. 이 이야기는 오찬호 씨가 쓴 『우리는 차별에 찬성합니다』에 잘 나와 있죠.

하지현　그런 면에서 지금 우리 사회에서 각 직역별로 지나친 고퀄의 자격을 가진 사람들이 경쟁의 사다리에서 정점만 바라보고 준비하다가 밀리고 밀려서 한 칸씩 내려오고 움직이고 하다 보니 만족도가 떨어지고 있는 것은 아닐까 해요. 기대치는 높고 준비도 충분히 많이 했는데, 아니 오버해서 했는데 그 자리는 한정되어 있으니 결국 잡은 자리는 기대치에 못 미쳐 만족스럽지 않은 거예요. '오버퀄리파잉overqualifying'이 이제 우리 사회에 새로운 문제가 될 것 같아요.

엄기호　그렇다면 우리가 이것을 어떻게 이해해야 할까요? 이들의 경험 세계를 이해해야 한다고 생각해요. 지금까지 제가 한 말은 자칫하면 요즘 애들론으로 오해할 수 있어요. 사실 제 입장은 정반대입니다. 저는 태도와 행동은 조건, 구조, 상황의 산물이라는 생각이 강합니다. 이들은 몸에 배면서 자라 온 거예요. 자리가 너무 없어요. 처음에 들어갈 때 백 자리가 있다면 열 명이 탈락하면 되는데 반이 탈락하는 거예요. 그다음에 또 반이 탈락하고. 탈락자가 너무 많은 거죠.

이십대 후반 삼십대 초반, 공부하면서 사회운동까지 하는 학생들이 있어요. 그런데 단체 내에서 살아남으려면 성과를 내야 하는 거예요. 책을 쓰든 뭐를 하든 이름을 얻어야 하는 거죠. 안 그러면 실패하는 거예요. 이들에게 압박감이 대단해요. 피라미드 구조가 아니라 첨탑 구조예요. 견디지 못하는 거예요. 제가 아는 분이 옛날에 노래패에 있었는데 그분 하는 말이 지금이라면 자기는 노래패에 들어오지도 못했을 거랍니다. 노래 잘하는 사람들이 너무 많아서. 너 정도 노래 잘하는 친구들은 쌨다, 너 정도 공부 잘하는 애들도 쌨다, 너 정도 잘생긴 애들도 쌨다, 이런 분위기죠. 세상이 그렇게 된 거예요.

하지현　따라서 이 친구들은 공정한 시험에 의해서만 평가받기를 원해요. 그런데 그 공정함이라는 게 굉장히 편협해요. 그 시험이 정성평가가 아닌 정량평가이고, 컷오프로 잘라버리는 객관적인 시험일 때에만 인정할 수 있다는 거죠.

예를 들면 면접 보고 떨어진 애들이 "쟤는 대답을 몇 번밖에 안 했고 나는 대답을 열 번 했는데, 왜 쟤가 붙고 내가 떨어졌죠? 억울해요"라는 말들을 많이 해요. 이런 것이 용납이 안 되는 거죠. 왜 용납이 안 되느냐면, 내가 면접을 이만큼 준비

했으니까 이만큼에 대한 평가를 정확하게 해줘야 한다는 거예요. 따라서 면접관이 누군가를 어떤 가능성을 보고 뽑는 것은 옳지 않다고 보는 거예요. 그래서 압박면접을 하더라도 나는 준비해온 답을 열심히 말했는데 왜 내가 떨어지고 쟤가 붙느냐고 이야기할 수 있는 거예요. 그런데 시험관 입장에서는 그 답이 싫을 수 있거든요. 이를테면 그 답은 작년에 나온 모범답안이에요. 그때는 기발했어요. 그런데 그 답을 벌써 세 명째 이야기하고 있어요. 그러면 답안이 샜다는 얘기죠. 그럼 너는 네 생각이 아니라 정답이라고 알려진 걸 말하는 애야, 난 싫어, 그래서 떨어뜨릴 수 있죠. 그런데 이 친구는 그런 것들이 부당하다고 생각하는 거예요.

바칼로레아와 논술시험의 가장 큰 차이점은, 바칼로레아는 어떻게 보면 답이 없어요. 구술하는 논리 전개를 보는 거잖아요? 철학적 담론이나 재미있는 주제를 던져주죠. 그런데 우리나라 수리 논술시험은 독특해요. 수학 문제, 통계, 확률 문제가 나오는데, 여기서 최적의 솔루션을 도출하는 방법과 그것이 왜 그런지를 써라. 전 처음에 '이게 무슨 논술시험이야', 이런 생각이 들었어요. 제가 논술시험을 볼 때는 철학 문제나 윤리적 딜레마, 이런 문제들이 많았거든요. 그래서 생각을 좀 해보니, 이래야 논란의 여지가 없이 채점이 가능한 거예요. 일단 반 정도는 숫자로 푸는 거죠. 통계 처리, 알아야 될 지식 몇 개 뽑아오고. 그러다 보니 논리 전개는 10~15퍼센트밖에 안 되는 거예요. 이 친구가 얼마나 논리 전개를 잘하고 적당한 자기주장이 있는지는 알고 싶지 않아요. 학교 입장에서는 학교가 원하는 인재상을 뽑기 위한 시험문제 설계가 아니라 논란의 여지 없이 채점을 정확히 하는 게 더 중요한 거죠. 논술시험의 원래 취지는 우리 학교에 필요한 인재, 수능에서 배운 축적된 지식 이외의 응용 능력과 판단력, 사고력을 갖고 있는 학생을 뽑고 싶다는 것인데, 어느 순간부터 논술시험에서 판단을 할 때 어느 과 교수가 와서 채점을 하더라도 표준 채점이 99퍼센트 일치할 수 있는 답안을 만들고, "왜 이 답은 안 되냐"라는 항의에 반박할 수 있어야 돼요. 왜냐하면 공정함 때문에.

엄기호　시험은 공정해야 한다. 그렇죠. 그런데 여기서 제가 정말 얘기하고 싶은 게, 아무도 그 공정함이 무슨 공정함인가는 묻지 않는다는 거예요. 그러다 보니까 공부에서 공정함이라고 하는 것의 표준이 되는 게 학력고사예요. 수능은 공정하지 않다고 보거든요. 그래서 많은 사람들이 학력고사 시대로 돌아가야 한다고 하면서 학력고사를 낭만화하죠. 왜냐하면 그때는 과외도 없었고, 엉덩이 무거워서 앉아서 공부만 하면 됐으니까. 틀린 말은 아니에요. 틀린 말은 아닌데, 과연 그렇다면 그런 식의 공정함이 지금도 작동할 수 있느냐, 이런 건잘 안 물어보죠. 그리고 저는 더 결정적인 문제가 있다고 생각하는데 그렇다면 그 공정함은 도대체 누구에게 공정한 것이었나, 라는 질문을 던져봐야 하거든요.
　과거의 학력고사는 서울대에서부터 시작해서 열 개, 스무

개 정도 대학에 가는 학생들에게게만 공정한 시험이었어요. 하지만 밑에 있는 학생들에게는 무의미한 시험이었거든요. 그런 면에서 보면 하나도 안 공정한 시험이었어요. 지금 계속 수능에 압력을 행사하는 것도 위쪽 학생들에게 공정한 시험을 만들려고 하기 때문이에요. 그런데 위쪽에 공정해질수록 아래쪽에는 불공정해져요. 아래쪽은 어차피 다 틀리니까요. 옛날에 학력고사 보면 수학 문제는 진짜 어렵게 나왔잖아요. 공부 못하는 친구들은 다 틀렸어요. 공정함 자체의 기준을 위에 맞춰버린 거죠. 공부는 곧 공정해야 한다, 그것도 꼭대기만. 그러니까 시험과 평가에 대한 압력이 강해질수록 공부에 대해서 더 집착하게 되죠.

하지현 그런 면에서 요즘 이슈가 되는 대표적인 영역이 로스쿨과 사시존치론이죠. 사시는 공정했고, 로스쿨은 현대판 음서제이기 때문에 공정하지 않다. 따라서 이제는 개천에서 용 나는 게 불가능하지 않느냐, 사시는 고등학교만 나와도 토굴 파고 앉아서 5년 공부하고 되지 않았느냐는 그 신화. 그것 때문에 인생 망가진 수천 명은 보지 않고 얘기하는 거잖아요. 그것 또한 공부는 공정해야 한다는 믿음 때문에 나오는 얘기죠. 공정해야 하기 때문에 시험으로 해결하고, 시험으로 나오는 냉정한 등수, 사시 등수로 연수원 들어가서 성적대로 판검사 되는 거죠.

그런데 예를 들어서 판사가 돼서 남부지법에 초임으로 가

면 그 순간 이 친구가 갈 길이 딱 정해지거든요. 대법관. 물론 아닐 수도 있지만 그럴 가능성이 굉장히 높죠. 어떻게 보면 굉장히 공정하지 않다고 볼 수 있잖아요? 그런데 사람들이 공정하다고 받아들이는 룰인 거죠. 근데 로스쿨이 도입되니까 "어떻게 경북대 법전원 나온 친구가 판사가 돼?" 이런 말이 나오고, 그래서 파보니까 아버지가 판사야, 알고 보니 학부는 서울대 나왔어, 이런 얘기들이 또 오갑니다. 현대판 음서제라는 논란의 시작이죠.

엄기호 우리 사회의 곳곳에서 공정하자고 만든 제도가 도리어 다양성을 죽이고 획일성만 키우며 오히려 특정한 자원을 가진 사람들이 유리해지는 불공정한 역설이 많이 벌어지고 있습니다.

교수 임용 있잖아요? 교수가 되려는 사람들이 워낙 많으니까 여기서도 공정해야 하잖아요. 사실 옛날에는 비리가 많았죠. 그래서 공정해야 하니까 지표를 쫙 만들어놨어요. 그런데 그 지표를 충족시킬 수 있는 식의 공부, 그리고 그런 공부를 감당할 수 있는 '어떤 몸' 있잖아요? 그런 공부를 흥미로워할 수 있는 사람들은 서울대 출신밖에 없어요. 공부 기계들이니까. 가령, 책 많이 쓰는 강사들은 교수가 될 수 없어요. 제 이야기이기도 하죠. 책은 점수가 0점이거든요. 책 안 쳐주고, 논문만 쳐주죠. 주변에서 책을 쓴다고 하면 다들 말려요. 책 쓸 내용을 쪼개서 논문 쓰면 몇 개를 쓸 수 있는데 그걸 책으로

쓰느냐. 게다가 SSCI 같은 외국 논문을 쓰면 높은 점수를 받는데. 서울대, 연대, 고대 등 몇 개 대학은 대학평가 때문에 교수 임용시 SSCI 같은 외국 논문은 무조건 있어야 해요. 그러니까 오히려 더 황당한 일이 벌어지죠.

지금 대학은 논문을 쓰는 교수, 강의를 잘하는 교수, 책을 쓰는 교수, 프로젝트를 잘하는 교수 등등 더 다양한 형태의 교수가 필요한데, 학교랑 똑같아지는 거예요. 그러니까 역설적으로 논문 기계들만 임용되게 되는 거죠. 결국은 이 공정함이라는 게 어떤 공정함인가, 누구를 위한 공정함인가, 라고 질문할 수밖에 없어요.

이 판타지는 정말 안 깨지는 것 같아요. 이게 마치 모두를 위한 공정함이라고 생각하죠. 이게 모든 사회의 모델이 되어야 한다고 생각해요. 어디에서도 다 공정하게 돼야 하고, 그게 공부였고, 공부하는 방식이고, 평가하는 방식이고 그런 식으로 가는 거죠.

하지현　그런 공부를 중심으로 우리 사회가 여러 면에서 꼬여 있고, 뒤틀어져 있는 건 분명하죠. 이런 현상이 생기게 된 원인은 더 옛날로 치면 사농공상부터 시작하지만, 분명하게 우리 윗세대, 부모 세대는 공부를 통해서 수혜를 받았고 그것을 눈으로 보고 입증했단 말이죠. 그런데 그 속도가 더해질 수 있었던 건, 경제가 팽창할 때였기에 다른 사회에 비해 굉장히 쉽게 그로 인한 수혜를 곱하기 2 이상 받을 수 있었기 때문이에요. 그것이 우리에게 굉장히 강렬한 힘으로 느껴질 수 있었던 것 같아요. 도파민이 빡 오듯이, 마약 한 방 맞듯이. 들인 노력에 비해서 하나만으로 가장 많은 것을 얻을 수 있는 것이 공부였던 거죠. 따라서 모든 것을 공부를 통해서 해결하길 바라고 이에 몰입하다 보니, 그 반작용이 공정함에 대한 지나친 집착으로 표출이 돼요. 결국은 공부 내지는 공부에 의한 평가가 전부인 세상, 공부라는 담론이 다 잡아먹고 있는 세상이죠.

엄기호　왜 이런 일이 벌어졌는가? 이에 대한 원인을 많은 인문사회학자들은 한국전쟁이라고 생각해요. 한국전쟁 때문에 다른 사회와는 비교가 안 될 정도로 온 국민이 온통 거지가 되어버렸기 때문에. 일제 시대 때도 신분제도가 해체되지 않았다고 하더라고요. 그렇게 해체되지 않고 있다가, 양반이고 상놈이고 몽땅 거지로 만들어버린 게 한국전쟁이었다, 그런 거죠. 그래서 완전히 제로베이스에서 시작하게 되면서 생존을 위해서는 '돈 많은 놈이 장땡'이라는 생각이 우리 할아버지 세대들에게 뿌리 깊이 박히게 되었죠. 그리고 '돈 많은 게 장땡이다'로 돈을 벌던 사람들이 돈을 통해서 돈을 재생산하려면 어떻게 해야 되나 생각했더니 공부, 즉 교육이었다는 거죠. 그렇게 공부에 올인해서 만들어진 사람들이 486세대와 그 이전 세대들이에요. 이들이 갖고 있는 공부에 대한 판타지, 자신들이 경험한, 상당히 실현 가능한 이 판타지를 지금 다시 실현시켜야겠다, 그런데 그게 실현이 안 될 걸 아니까 훨씬 더 강하게, 적어도 내 새끼한테는 실현을 시켜야겠다, 생각해서 아이들에게 몰빵하는 거죠.

하지현 그런 수혜를 본 사람도 몰빵을 하지만, 나는 그게 안 됐어, 그런 사람들도 내 자식에게만은 그 수혜를 입게 해주고 싶은 거예요. 그게 제일 안전해 보이니까.

내가 자영업자의 삶을 산다고 할 때, 돈은 꽤 벌지만 매일 12시까지 일하고 언제 부도가 날지 알 수 없는 일을 하고 있을 때는 별로 존경받지 못한다는 느낌이 들 수밖에 없어요. 존경 이라는 것이 청년기에는 중요하지 않지만 50세 넘어서 장년 기에는 내가 이 사회, 이 커뮤니티, 가족 안에서 어떤 존경을 받는지가 인생에서 중요한 요소가 됩니다. 한국 사회에서는 돈을 많이 벌었다고 하더라도, 빌딩 임대업을 하고 있다든지 아니면 장사를 하고 있는 것으로는 안 된단 말이에요. 그래서 어떻게든 내 애는 이걸 안 시켜야지, 라는 사람이 많아요. TV 에서 잘되는 대박 식당집 찾아가면, 아이 유학 갔다고 자랑하 고, 우리 애는 이 고생 안 시켜야지 하는 사람들이 많죠.

엄기호 그러니까 공부가 더 공정해야 한다는 압력이 심해지 는 거고, 또 그 압력이 심해지면 심해질수록 다른 영역을 다 공부적 방법론으로 식민화하면서 악순환, 그냥 단순 악순환 정도가 아니라 확대 재생산된 악순환이 일어나는 것이겠죠.

하지현　그런데 이제 부모들도 서서히 그런 악순환의 한계를 깨닫고 있고, 판에서 나가거나 아니면 공감대가 일어나 판이 깨지는 시기가 와야 한다는 것을 감으로는 알고 있어요. 하지만 "미쳤어, 미쳤어" 하면서도 나만 판에서 빠질 수는 없는 거예요. 이 라운드에서는 내가 이기고 나가고 새 라운드가 시작될 때 판이 깨지기를 바라죠. 그러니까 안 되는 거예요. 왜냐하면 나와 내 아이는 이 판만 하면 끝나는 거거든요. 우리 모두 다 같이 하지 맙시다, 그러면 되는데, 내 애라는 관점에서 움직일 때는 난 몇 년 하고 퉁치고 나가면 되는 거예요. 굉장히 이기적이 되는 거죠. 이 판이 곧 깨지더라도 내가 생각한 전략대로 이기고 나가면 좋겠다는 생각. 그동안 해온 게 있으니까.

엄기호　제일 좋은 건 그런 거잖아요. 내가 탄 차가 막차고 다음 차가 첫 차. 제일 싫은 건 내가 도착하자마자 막차가 떠난 거죠. 그것보다 더 끔찍한 게 첫 차인 줄 알고 탔는데 실험용 차였다는 거. 다들 이게 막차인 것 같은 느낌은 가지는데, 그래서 안 타고 첫 차를 기다릴까 싶기도 한데, 그럴 자신은 없거든요.

하지현　그렇기 때문에 모두가 만족하는 개혁이 절대 불가능한 거죠.

엄기호　이런 점에서 다음에는 왜 이런 현상이 벌어지게 되었는지에 대해 좀 더 구조적인 이야기를 역사적 경험을 통해서 풀어보면 좋을 것 같아요. 한국이 왜 다른 나라와 비교해서 유독 공정한 공부와 공부의 공정함에 대해 집착하게 되었는지에 대해서요.

2부

»

누가 공부에 욕심을 내는가?

486세대의 성공 판타지

엄기호　선생님, 한국에는 공부를 지칭하는 단어가 많잖아요? 학업, 학습, 공부, 교육… 굉장히 다양하게 지칭 가능한데, 그중에서 가장 모호한 게 '공부'가 아닌가 싶습니다. 좋은 의미에서 나쁜 의미까지 다 포괄해서 사용하고, 사람에 따라서 고무줄처럼 사용하는 말이라고 생각해요. 앞서 우리가 한국 사회 문제의 핵심으로서의 '공부'라고 했을 때 이때의 '공부'는 '학업'에 가깝다고 봐야 하지 않을까 생각하는데요.

하지현　그렇죠. 그리고 학업이라고 봤을 때, 엄밀하게 말하자면 학업 성취겠죠. 또는 그 부분에 대해서 갖고 있는 능력치에 대한 욕구일 수도 있고. 문제는 이러한 욕구가 과도하다는 겁니다. 오로지 공부만이 한국 사회에서 생존 확률을 확실하게 높여주는 보증수표라는 믿음이 머릿속에 깊이 뿌리 박혀 있기 때문이에요.

　한국 사회에서는 자본 축적이 되어 있지 않은 사람이라면,

공부를 잘해서 상위권 대학에 들어가면 존경과 안정과 윤택함을 모두 가질 수 있다는 게 지난 세대, 약 두 세대에 걸쳐 검증된 모델이에요. 대략 1945년부터 90년대 중반까지 분명하게 검증된 모델입니다. 그렇기 때문에 각 두 세대는 모두 자기 밑의 세대가 이렇게 되기를 당연히 원하죠. 자본 축적을 했더라도 학력이 낮은 사람은 내 자식만큼은 그 라인에 집어넣기를 원하는 1차 방정식이 만들어져 있죠. 그리고 이에 대해서 아직 그 누구도 태클을 걸지 않고 있습니다. 그러니까 학력으로 성공한 사람이 자가 복제를 원하고, 학력은 없지만 부가 있는 사람까지도 학력을 원합니다. 학력을 쥘 수 있는 자리는 뻔한데 경쟁률은 몇 배 올라가 압력이 최대치로 커졌습니다.

현재 가장 공정하다고 할 수 있는, 비판의 대상이 되지 않는 방식은 열심히 공부해서 좋은 대학에 가서 좋은 직업을 가지는 것이죠. 예를 들면 자본 축적을 한 사람들의 경우 그 방식에 대한 태클이 있을 수 있어요. 장사를 크게 한다거나, 빌딩업이나 사채업 같은 것 말이죠. '좀 천한 일을 한다', '장사꾼이다' 내지는 '부럽긴 하지만 별로 존경할 만한 사람은 아니다'라는 식의 태클이 있을 수 있죠. 하지만 공부로 성공한 것은 다르다고 생각해요. 공부로 성공한다면 '너의 삶은 당당하고, 존경받으며 살 수 있어'라는 명제가 마치 '1 더하기 1은 2'와 같이 굉장히 단순한 1차 방정식이 되었어요. 이것이 세칭 486세대까지, 못해도 75년생까지는 검증됐다고 볼 수 있죠. 그런데 지금도 그게 유효한가, 라는 질문에 대해서는 아니라는 진단이 굉장히 많지만 그럼에도 불구하고 이전 세대가 갖고 있던 신화, 판타지, 믿음 체계가 워낙 종교 수준으로 공고하기 때문에 우리는 여전히 그곳을 향해 레밍스처럼 달려가고 있다는 생각이 들어요. 삶은 이미 고차 방정식으로 바뀌었는데 말이죠.

우리 머릿속에는 보이지 않는 익숙한 길들이 있어요. 이런 걸 암묵지라고 하는데, 어떤 상황이 닥쳤을 때 내게 익숙하고 편안한 방법으로 생각하고 행동해요. 예를 들어 낯선 도시에 떨어지면 자신도 모르게 터미널로 가요. 그곳에 가서 도시에 대한 정보를 얻는 거죠. 우리 머릿속에 보이지 않는 시스템이 만들어져 있는 거예요. 여기서 486세대의 암묵지는 '공부만이 살 길이다', '배우면 된다'예요. 돌이켜보면 이 세대들이 지난 시기의 출판 시장을 이끌어갔어요. 4백 페이지 되는 사회과학 서적 읽는 것에 훈련된 세대들이 회사원이 되고, 나이 먹으면서 일간지 북리뷰 보면서 책을 왕창 샀어요. 또 자기 아이가 네 살, 다섯 살 됐을 때 그림책을 사주면서 그림책 시장이 만들어졌고, 10년이 지나서 청소년 책을 사주면서 청소년 책 시장이 만들어졌죠. '공부만이 살 길이다', '열심히 하면 된다', '깊이 파면 길이 보일 것이다'라고 머릿속에 박힌 사람들이죠. 그런데 이제 이 명제의 시효가 다되었다는 증거가 너무 많아졌어요. 교육에 있어서는 더 이상 그게 아니라는 겁니다.

엄기호　지금 선생님이 말씀하신 의미에서의 공부는 사회학에서 말하는 '메리토크라시meritocracy', 즉 능력주의라는 말과 맞닿아 있는 것 같아요. 좋은 의미에서 사용하는 능력주의는 아니죠. 공부를 통해서 능력을 배양하고, 그 능력을 가지면 이 사회에서 생존도 할 수 있고 성공도 할 수 있다는 것인데, 능력주의에서 가장 큰 문제가 되는 것은 '무엇을 능력이라고 하고, 무엇을 능력이 아니라고 할 것이냐'를 절대 물어보지 않는다는 점이거든요.

어떤 것은 능력이고 어떤 것은 능력이 아닌가? 능력이라는 것이 권력에 의해서 굉장히 위계화, 제도화되어 있잖아요. 공부하라고 할 때 이미 암묵적으로 어떤 것을 공부하라는 말이 들어 있습니다. 어떤 것은 공부고 다른 어떤 것은 공부가 아니죠. 왜 공부가 아니냐 하면 그건 아무리 키워 봤자 능력으로 쳐주지 않으니까요.

학교에서 성적으로 정량화되는 것은 능력이지만 그렇지 않은 것은 능력이 아닙니다. 그래서 공부를 잘하지 못하는 많은 학생들이 자기는 할 줄 아는 게 없다, 능력이 없다고 말을 합니다. 공부를 못하니까요. 그러면 왜 다른 것은 능력이 아닌지에 대해 물어야 하는데 이런 질문은 하지 않습니다. 왜냐하면 공부가 곧 능력이고 그 능력이면 신분 상승에 성공한다는 것이 지난 세대에서 어느 정도 입증되었거든요. 이 신화가 강할수록 다른 것은 능력이 아니라는 것에 대해 의심의 여지가 없어집니다. 그리고 그걸 질문하지 않게 된 건 지금 선생님이 말씀하신 것처럼 지난 세대까지는 어쨌든 검증된 사실이기 때문이죠. 저만 해도 그렇고, 시골의 못살던 집 아이가 공부만 잘해서 어쨌든 중산층에 진입하는 데 성공했잖아요. 0.1퍼센트다, 0.2퍼센트다, 이러면 그냥 판타지라고 말할 수 있겠지만, 10퍼센트 이상 20퍼센트가 되면 그저 판타지라고만 치부할 수는 없겠죠.

하지현 그렇죠. 판타지라고만 할 수 없는 현실적 확률이었죠. 그런데 문제는 조금만 산수를 해보면 투자 대비 아웃풋이 도저히 나올 수 없고, 확률도 많이 떨어졌다는 겁니다. 이제는 더 이상 현실화가 어려운데, 여전히 그 방법만이 살길이라고 여기고 그 길만을 가고 있으니 이제는 판타지를 좇는 것으로 볼 수밖에 없다는 거죠.

통계청과 한국은행에 따르면 양질의 일자리는 1993년 483만 개에서 2012년 602만 개로 24.6퍼센트 증가한 반면 같은 기간 전문대졸 이상의 고학력 인력은 428만 명에서 1,050만 명으로 145.3퍼센트가 늘어났다고 합니다. 여기서 양질의 일자리는 대기업 정규직, 평균 임금을 상회하는 상용직, 주당 36시간 이상 근무하는 관리직·전문직입니다. 산수를 해보면 1993년만 해도 일자리가 고학력 인력보다 55만 개나 많은 '일자리 과잉' 상태였어요. 그러니 캠퍼스의 낭만을 즐기다가 쉽게 취직이 되었죠. 그러나, 95년에 대학 설립 요건이 대폭 완화되면서 '구직자 과잉' 상태로 위상 전위가 일어납니다. 지금은 대학 진학률이 90퍼센트까지 올라갔으니 이 루트를 타는 사람

이 너무 많아졌다는 거죠. 따라서 경쟁은 더 심해질 수밖에 없는 구조예요.

또 하나는 앞서도 말했지만 그때가 우리나라가 경제가 팽창하면서 운이 좋은 시기였다는 거예요. 시대적으로 럭키했다는 점을 감안해야 하는데 사람들이 그걸 잊고 있어요. 우리나라는 2천 년대 초반 이후, 특히 IMF 이후에 성장 곡선이 정점을 찍고 이후에는 아마 멈추지 않았나, 5천 만 인구의 내수 시장을 봤을 때 이미 꽉 차지 않았나 싶어요. 70년대에서 90년대 초까지의 팽창은 이제 불가능하죠. 그런데 박해천의 『아파트 게임』에 나오는 것처럼 486들이 부를 축적한 방식이 대학을 졸업하고 분당이나 일산의 아파트 분양권을 당첨 받아서 그걸 두세 번 갈아타니 어느새 서울이나 소도시에 꽤 괜찮은 아파트를 갖게 되었고, 그걸 통해서 먹고살 길이 생긴 거죠. 이런 라인업이 만들어질 수 있었던 건 사회가 팽창하고 있었기 때문이에요. 이제는 그게 불가능하다는 겁니다. 그게 가능해지는 길은 우리나라가 홍콩이나 싱가포르 같은 국제적 허브가 되는 것뿐이라고 생각해요. 외부 자본이나 인력이 유입되는 거죠.

공부 문제는 거시적 관점이 동반되어야 합니다. 그럼에도 불구하고 그 방식을 계속 고수하고 있어요. 그렇게 되면 압력이 두세 배 높아지는데 그걸 보지 못하고 있는 거예요. 그것밖에 모르니까. 그 방법이 내 머릿속에서는 여전히 2 대 1에서 3 대 1의 높은 확률이거든요. 그러니 당연히 이게 가장 안전한 방법이라고 생각하는 거죠. 물론 지금도 어느 정도 유효해요. 공부를 통해서 고학력을 얻고 고학력을 통해서 나름의 기본 위치를 갖는 것은 여전히 안전한 길입니다. 하지만 확률로 따지면 성공 확률이 높다기보다 상대적으로 실패 확률이 낮은 방법일 뿐이에요.

실제 자료를 봐도 그래요. 사회학자인 신광영 중앙대 교수가 2000년부터 2014년까지의 한국노동패널 자료를 분석해서 중간계급 세대 간 이동 경로를 추적했어요. 놀랍게도 부모와 자녀 세대가 모두 중간 계급을 유지한 확률은 10.5퍼센트에 불과했어요. 10명에 9명은 지위가 달라진 거예요. 이렇게 애를 써서 자기 중간 계급을 물려주려고 부모 세대는 무진장 애를 쓰지만 10명에 9명은 실패했다는 것. 이건 이 전략이 개인의 능력 문제로 실패한 것이 아니라 전략 자체가 잘못되었다는 증거 아닐까요?

1차 방정식에서
고차 방정식으로

엄기호   선생님 말씀처럼 1차 방정식에서 고차 방정식으로 바뀌었죠. 이전에는 사실 변수라는 게 공부 열심히 하는 것 말고는 별로 없었거든요. 그런데 지금은 성공한다는 것에 있어서, 또는 생존에서 살아남는다는 것에 있어서 변수가 정말 많아졌어요. 그렇다면 거기에 맞춰 삶의 다양한 루트들이 만들어져야 하거든요. 소위 라이프스타일의 다양화가 이루어져야 해요.

이를테면 한국에서 1997년 IMF 경제 위기를 겪으면서 사람들이 '이것만은 아니구나', '이게 장기 지속하지도 않고 많은 사람들을 포용하지도 않는구나' 하고 깨달았으면 다른 변수들을 고려하면서 자기 삶의 라이프스타일을 조정할 수 있었어야 해요.

일본이나 서구 사회는 라이프스타일을 굉장히 많이 조정했어요. 결혼은 안 하고 동거만 한다거나 결혼해도 애를 안 낳는다거나 아니면 결혼한 이후의 주거 형태도 많이 바뀌었죠. 원룸 두 개에서 따로 살면서 만난다거나 말이에요. 그런데 한국은 정말 표준화된 라이프스타일이 너무 강력하게 작동하다 보니까 계속해서 삶을 1차 방정식으로 풀려고 노력해요. 사실은 고차 방정식으로 바뀌었는데 말이죠.

계속해서 1차 방정식으로 풀려고 했을 때 자기가 풀 수 있는 '해解', 그건 공부밖에 없으니까, 공부를 통해서만 답이 나올 수 있다고 생각하니까 훨씬 더 공부에 집착하게 돼요. 학생들이 아니라 부모들이 말이죠. 모두가 훨씬 더 공부에 매달리는 거죠. 이게 아이러니인 것 같아요. 아직까지는 공부가 가장 결정적인 변수이기는 하지만 그 공부라는 것이 더 이상 유일무이한 변수는 아니라는 걸 많은 사람들이 점점 깨달아가고 있어요. 그런데 그러다 보니까 더더욱 확실한 변수, 손에 잡히는 변수인 공부에 집착하게 되면서 지금의 삶이 고차 방정식이라는 것을 애써 외면하거나 아니면 모른 척하거나 하면서 공부가 만인의 고통의 근원이 돼버리는 거죠.

하지현　얼마 전에 『미움받을 용기』의 기시미 이치로 선생과 좌담을 하면서 "한국의 젊은이들과 일본의 젊은이들의 차이는 어떻습니까?" 하고 물었어요. 그분이 얘기한 첫 번째가 한국 젊은이들은 이렇게 이렇게 살아야 한다는 것에 대해서 눈치를 너무 많이 보는 것 같다는 거였어요. 지금 엄 선생님이 말씀하신 것과 비슷한, '이래야 된다'라는 표준화된 라이프스타일에서 벗어나면 문제가 있다고 여기는 거예요. 몇 살이 되면 어디에 다녀야 하고, 뭘 해야 하고, 어디에 가야만 하고….
　제 생각에 우리 사회의 지금 이십대 초중반 젊은이들이 받는 가장 큰 선물은 '니네 부모 굶어죽지 않아'거든요. 부모 세대가 OECD 12위 국가를 만드느라고 꽤 많은 부동산과 동산 축적을 해놨기 때문에, 정말 공고한 벽이라고 엄청 욕을 하고 있지만, 최소한 몇십 년 전에 비해서 상당한 수의 국민들이 자식들이 신경 써주지 않아도 굶어죽지는 않는 세대가 됐단 말이에요. 그러다 보니까 이 친구들은 더 정상성 안에 머물려 하고, 그 궤적대로 가야만 한다고 생각해요. 특히 좋은 대학 다니는 친구들일수록 더 그런 게, 왜 이 길이어야 하는지조차 고민하지 않고 살아왔기 때문에 조금만 벗어나도 무서워지는 거예요. 그래서 어려움들이 있다는 생각이 들어요.

제가 환자들을 보면 "저는 비정상인가 봐요" 하고 오는 친구들의 고민 중 큰 흐름이 삶의 궤적에서 벗어나는 것에 대한 두려움이 크다는 거예요. 그런데 삶의 궤적이란 게 내가 생각한 내 라인업이 아니라 몇 살 되면 뭘 해야 하고, 몇 살 때 뭘 안 하면 큰일 나는 줄 아는 거예요. 열아홉, 스무 살까지는 내가 원하는 대학에 가야 하는 거고, 대학도 어릴 때부터 내가 생각했던 그 과를 가야 하는 거고.

이런 일이 있었어요. 지방 출신 친구였는데 이 친구가 최소한 연고대를 가야 한다고 생각해왔는데 수능을 매번 잘 못 봤어요. 그래서 경기 지역의 꽤 괜찮은 A대학교 상위권 학과에 입학했어요. 같은 과끼리 평가하면 다른 대학보다 더 좋다고 평가받을 수 있는 과였어요. 그런데 어떤 일이 있었느냐면, 이 친구가 지방의 좋은 고등학교를 나왔는데, 처음으로 향우회를 갔더니 선배들이 "너 어디 다니니?" 하고 묻더래요. 그래서 A대학교 다닌다고 했더니, "거기가 어딘데?" 그러더라는 거죠. 연대나 고대 다니는 선배가. 잔인한 놈들이죠. 그다음 주부터 이 친구가 학교를 안 나갔어요. 나름 스스로 타협해서 잘 다니려고 했고, "그래 잘됐다" 그런 말 들었으면 잘 지냈을 친구가 그 말 한 방에 은둔형 외톨이가 된 거죠. 이 친구한테 심한 우울증이 있었던 것도 아니에요. 그 말 하나에 자기가 생각했던 삶의 궤적에서 벗어났다고 생각한 거예요.

또 어떤 사람은 3년쯤 회사 생활을 했는데, 윗사람과 약간

트러블이 생겼어요. 그러자 이 친구가 이런 생각을 하는 거예요. '난 윗사람에게 찍혔어. 난 인사고과에서 C를 받을 거고, 부장이 못 될 거야. 10년 후에 승진 시험에 떨어질 게 분명해.' 튕겨져 나갔다는 엄청난 불안이 있는 거죠. 우리 사회가 살벌하고 엄청나게 겁을 주면서 아이들을 키우니까 그런 거예요. 급류가 있는데 이 급한 물살에서 한번 튕겨져 나가면 다시는 그 급류에 올라타지 못할 것 같은 두려움을 갖고 살고 있다는 거죠. 1차 방정식이 바로 이런 거예요.

이렇게 자기가 그린 최선의 궤적에서 벗어났다고 생각되는 순간 더 이상 트랙에 머물 필요가 없다고 여기고 자동 탈출 버튼을 누르듯 뿅 하고 튕겨져 나간 사람들도 나름의 갈등이 있어요. 완전히 히키코모리같이 되는 경우도 있지만, 더 많은 사람들은 나름의 해결책을 찾고 노력을 해요. 그게 또 공부입니다. "너 도대체 뭐 하는 거니? 도대체 뭘 하려고 그렇게 가만히 있니? 뭐라도 해봐" 이렇게 얘기할 때 부모도 받아들이고 자신도 받아들일 수 있는 유일한 것이 공부예요. "저 공부해요" 이렇게 얘기하면 더 이상 아무 말도 안 해요. 예를 들면 "저 사업 좀 하려고 알아봐요", "저 어릴 때부터 요리하는 거 좋아했는데 요리사 되려고 일단 알바로 주방에서 일 좀 배워보려고요" 그러면 "뭣하러 그런 걸 해"라는 반응이 나오죠. 그런데 "9급 공무원 시험 준비할게요", "편입 준비할게요", "유학 준비할게요" 이러면 모두가 "어 그래" 이렇게 얘기하고, 확대가족을 만났을 때도, "애 뭐 해?" 그러면 "공무원 준비한대요" 그러면 "아 그래?" 그러면서 다 넘어가요. 어느 순간부터 우리 사회에서 발달의 궤적에서 멈춤이 있는 사람들에게 제일 좋은, 모두가 "어 그래" 하면서 받아들일 수 있는 해결책은 '공부하는 중'이에요. 그런 부분들이 공부라는 것에 더 몰입하게 하는 원인이라는 생각이 들어요.

엄기호　선생님이 쓰신 『그렇다면 정상입니다』라는 책 있잖아요. 그 책에 정상성이라는 개념이 나오죠. 정상성이라는 게 범위가 있잖아요. 그런데 그 범위가 선이 아니라 면이어야 하는데, 그러니까 변동 폭이 있어야 하는데, 한국 사회는 이 범위가 굉장히 좁아요. 하나의 선처럼 설정되어 있다 보니까 다양한 궤적이 인정되지 않는 것은 물론이고, 하나의 궤적이 있다 해도 그 궤적 안에서 변이를 줄 수 있는 범위도 좁게 설정이 되어 있죠. 오로지 하나의, 굉장히 좁은 길만 있는 거예요. 그리고 그게 바로 공부인 거죠. 그런데 그 공부라는 것도 사실 요리사가 되기 위해서 뭘 한다, 이것도 공부인데 그런 공부는 공부로 안 치는 거잖아요? 요즘은 먹방이 대세가 되면서 많이 바뀌었지만요.

공부라고 했을 때, 경험을 통해서 뭔가를 얻는 건 의미가 없는 것이 되어버렸어요. 그러다 보니 굉장히 위계화되고 학벌화된 시스템의 자격증만이 유의미하게 됐죠. 이반 일리치의 개념을 가져와서 쓰면 한국 사회가 '스쿨링화된 사회 schooling society'라는 생각이 들어요. 사회 전체가 학교가 되었다는 거죠. 학교에서처럼 어떤 건 의미가 있고 어떤 건 의미가 없다고, 네가 몇 학년을 마쳤으면 뭘 할 수 있다고, 미리 선언적으로 가정하고, 그래서 학교를 나오면 능력 없어도 능력이 있을 거라고 생각하고, 학교를 안 나오면 능력이 있어도 없을 거라고 생각합니다. 그런데 한국 사회는 스쿨 자체가 굉장히 위계화된 학벌사회라서, 어디를 나왔는지가 그 사람의 능력과 그 밖의 모든 것을 검증해주고 보여준다고 보는 사회죠. 그래서 좁은 의미의 공부에 대한 집착 같은 게 생겼죠. 그런데 이게 사회적으로 보면 정말 비극이거든요.

원래 경제적 자유주의가 발달하면 하나의 표준화된 라이프 스타일로는 통치가 안 되고 폭발해버린다는 것을 자본주의는 잘 알고 있어요. 그래서 거의 대부분의 선진화된 자본주의 국가는 경제적·정치적 자유주의가 심화되면 문화적 다원주의로 통치하게 돼요. 웬디 브라운 같은 학자들이 말하는 제국의 정치로서의 관용이 바로 그것이거든요. 서구나 일본 사회만 봐도 부모가 간섭을 잘 안 하잖아요. 결혼을 할지, 누구랑 결혼을 할지, 애를 낳을 건지 안 낳을 건지. 그런데 우리는 이에 대한 압박이 심한 나라가 되다 보니까 문화적 다원주의를 통해서 자본주의에서 숨구멍을 충분히 틔워주는 게 아니라 위기가 닥치면 닥칠수록 훨씬 더 숨구멍을 틀어쥐는 거예요.

요즘 강남 대치동의 학부모들이 자식들에게 주는 약 중에 하나가 오력탕이라고 하던데, 총명하게 하고, 뭐 그렇게 하면서 다섯 가지 힘을 키워준대요. 그런데 그 약의 핵심적인 기능이 잠 안 오게 하는 거래요. 잠자지 말고 공부하라는 거죠. 이게 참 비극인 게, 라이프스타일에 위기가 닥치면 압력밥솥에서 김을 빼듯이, 압력을 풀어내는 방식으로 여러 가지 라이프스타일을 만드는 게 허용이 돼야 하는데, 이게 허용이 안 되니까 훨씬 더 강하게 하나의 궤적에만 집착하고, 하나의 궤적에만 집착하게 되니까 선생님 말씀하신 것처럼 "나 지금 공부해" 그러면 "알았어 알았어, 조용히 할게, 엄마가 미안해" 그러면서 다른 거 한다고 하면, 어떻게 보면 그게 진짜 공부일 수 있는데, "네가 뭐가 되려고 그러니" 이러면서 난리가 나는 역설적인 상황이 벌어지는 거죠.

학교는 탁월한 학생을
만드는 곳이 아니다

하지현 저는 그렇다면 학교의 가치, 역할이란 무엇인가 질문을 던져보고 싶어요. 학교라는 게 근대 교육, 즉 프러시아부터 시작된 2백 년쯤 된 교육이잖아요? 말 잘 듣는 훌륭한 신민을 만들기 위해서 시작된 균질화된 교육. 그전까지는 마이스터에 의한 1 대 1 교육, 도제 교육만 있었는데 산업혁명 이후에 글도 좀 깨우치고, 셈도 좀 가르치고, 남들 때리면 안 되는 거 가르쳐서 내보내니까 말 잘 듣는 신민이 되더라, 라는 사고 하에 만들어진 프러시아의 근대 교육 시스템이 지금 전 세계에 퍼져 있는 학교 교육의 기본이죠.

이게 우리 사회랑 참 어울리는 이유 중의 첫 번째는 우리 사회가 갖는 큰 목적성 중의 하나가 균질성을 갖는 것, 일사분란함, 짜장면으로 통일, 뭐 이런 것이기 때문이죠. '우리는 하나야'라는 짜릿함. 그러기 위해서는 교육 시스템이 공고한 것이 국가적으로 효과적이죠. 두 번째로는 도시 사회적 삶이 만들어지면서 생기는 현상 중의 하나가, 공동체 사회에서는 가령 엄기호라는 사람 한 명을 충분히 알 시간이 있잖아요. 이 친구는 농사 쪽으로 더 맞을 것 같아, 그런데 하지현이라는 사람은 농사보다는 대장장이가 더 맞을 것 같아, 이런 식으로 그 사람의 성향과 능력을 충분히 알 수 있죠. 그런데 도시의 삶은 급히 만나서 급히 헤어지니 한 사람에 대한 평가를 가장 빨리 하는 방법이 학력이 되었어요. 어떻게 보면 성공 확률을 높이는 가장 확실한 방법이죠.

가끔 언론에서 어떤 사람이 세칭 지방대를 나와서 얼마 영업을 했다고 대단하다며 소개하는 걸 보는데, 만약에 천 명을 놓고 그렇게 될 확률을 살펴보면 과연 그 수치가 높을까 싶거든요. 따라서 저는 학력에 의한 평가가 성공 확률을 높일 수 있는 건 분명히 있다고 생각해요. 대학이라는 교육 기관이 알아서 걸러주고, 걸러주고, 걸러주니까. 그런데 모든 판단 기준이 학력으로 환원되는 사회? 문제가 없을 수 없죠.

엄기호　　원래 근대 교육의 목적은 탁월한 사람을 만드는 게 아니라 평균을 높이는 것에 목적이 있었잖아요? 계속해서 평균적인 사람을 만들고 그 평균을 조금씩 높이는 것이 목적인, 그런 점에서 보면 굉장히 효율성을 강조하는 시스템이죠. 5퍼센트, 10퍼센트의 학생들이 탈락하는 것은 감수하고 간다는 거예요.

근대의 통치 자체가 확률론적 통치예요. 그런 근대의 통치가 가장 좋아하는 게 정규분포죠. 표준편차가 적은 정규분포를 그리는 것을 제일 좋아해요. 아주 똑똑한 천재 10퍼센트 나오고, 탈락하는 사람 10퍼센트 나오는 것을 정상이라고 보는 것이거든요. 대신에 가운데 평균을 어떻게 하면 조금씩 높일 수 있을까, 여기에 초점을 맞춰가지고 온 게 근대 교육이죠. 그런데 사람들이 가지고 있는 판타지 중의 하나가 '학교에 가면 학생들이 탁월해질 거다'라는 거예요. 예전에는 공부를 좀 잘하면 다 서울대 가야 된다고 생각했어요. 이 판타지는 이전 세대에서 만들어진 거죠. 그런데 이제는 학교에서 아무리 공부를 잘해 봤자 서울대 갈 수 있는 학생은 극히 소수에 불과한데, 학교의 목적이 똑똑한 학생 서너 명을 서울대 보내는 것에 맞춰져 있거든요. 그러면 그 학교는 근대 교육 기관으로서 자격이 없는 거예요. 그런데 그렇게 만들어온 것이잖아요? 한국에 근대 교육이 도입돼서 잘 작동하다가 망가진 계기 중의 하나가 이것이죠.

조금 다른 이야기이지만, 이런 판타지가 사교육 문제와 결

합되면서 어느 순간 탁 깨져버리니까 '사교육을 시키면 아이가 탁월해질 거다'라는 생각으로 전환이 된 것 같아요. 그러다 보니까 학부모들이 학교에 대해서 이야기하는 것을 들어보면 이야기가 거의 분열증 수준으로 왔다 갔다 합니다. "학교는 더 이상 우리 애를 탁월하게 만들지 못하는구나. 그러면 내가 다 해야겠다" 이런 마음을 먹고 있다가도 "그런데 왜 학교는 이런 걸 못하나" 하면서 화를 막 내는 거예요. 여기서 말씀 드리고 싶은 건 원래 학교는 근대 교육 시스템이라는 걸 인정해야 한다는 거예요.

하지현　맞아요. 현재 교육 시스템에서 근대 교육의 기본 정책을 재고해봐야 할 필요가 있어요. 그래서 평균을 중심으로 하는 교육을 일으키고, 그리고 주로 제가 만나는 아이들, 하위 50퍼센트 친구들을 어떻게 도울 것인가, 탈락하는 10퍼센트를 5퍼센트로 줄일 방법은 무엇인가, 이것이 우리가 해야 할 일이에요. 결국 이 친구들도 사회에 나갈 거니까, 사회에서 자기 밥벌이를 할 수 있는 최소한의 기술과 능력을 가질 수 있게 도와주는 것이 필요하단 말이죠. 그리고 상위 5퍼센트 친구들은 알아서 가는 거지 학교가 힘쓸 일은 아니라는 거예요.

　저도 엄 선생님 이야기에 동감하는 게, 어느 순간부터 고등학교 정문 플래카드에 어느 대학 몇 명, 어느 대학 몇 명 합격했다는 게 그 학교의 성적표가 되어버렸는데, 그렇게 되면 안 되는 거거든요. 학교는 학원이 아니거든요. 우수한 몇 명을 위한 학교가 아니라 중간인 아이들을 위한 학교가 되는 게 원래 학교의 취지에 더 맞죠. 그러니 플래카드를 붙인다면 "졸업 10년 후 80퍼센트의 졸업생이 독립적으로 잘 살고 있습니다" 라고 해야 하지 않을까요.

엄기호　완전히 전도가 되었어요. 학교를 근대 교육 기관으로서 보면 평균을 높이고 뒤처진 학생들의 수를 줄이고, 똑똑한 학생들은 미안한데 네가 알아서 해라, 이런 방향으로 가야 하는데 완전히 거꾸로 뒤처져 있는 학생들은 버리고 평균을 높이는 것에도 신경을 안 쓰고, 앞에 있는 학생들을 어떻게든 도와주려는 게 교육기관으로서의 학교가 해야 하는 일처럼 되었어요. 정말 완전히 잘못된 일이죠.

상위 4.5퍼센트가 평균인 사회

하지현　또 하나의 문제는 평균을 높이는 것에도 조심스러운 부분이 있는 게, 지금 기대 평균치를 너무 높여놨다는 거예요. 왜냐하면 다 공부를 하니까요. 공부에 대한 환상, 1차 방정식 때문에 말이죠.

　우리나라 논술 시장에 두 가지 피크가 있는데요, 초등학교 저학년 논술 시장과 고3 논술 시장이에요. 처음에는 다 자기 아이들이 서울대 갈 것으로 생각하고 엄청 공부를 시켜요. 그러니까 시험을 보면 웬만한 애들은 다 백점을 맞아버리는 거예요. 이러니 학교 입장에서는 변별력을 만들어줘야 하는 거예요. 일단 중학교부터 보면 특목고에 보낼 아이들을 찾아내야 하는 거죠. 특목고에서 변별력을 만들어달라고 요구하거든요. 줄을 세워야 하는 거죠. 그래서 어려운 문제를 내면, 나머지 아이들도 풀고 싶죠. 기분 나쁘잖아요. 그러니까 사실은 몰라도 될 것들을 알기 위한 공부를 모두가 해야 하게 되는 거예요. 학원은 그걸 가르치고. 뛰어난 아이들은 쉽게 알 수 있을지 몰라도 평균의 아이들은 어떻게 해도 알기 어려운, 도무지 머릿속에 안 들어오는 것들을 해야만 해요. 악순환인 거죠. 서로 원하지 않는 가속이 일어나요.

예를 들어 일부 자료들을 보면 중학교 2학년에 영어 A등급이 국제중학교가 아닌 그냥 공부 잘하는 여중에서도 70퍼센트까지 나와요. 사실은 평균보다 위쪽에 속하는 아이들은 공부가 재미있을 수도 있어요. 그러면 공부를 하면 되죠. 하지만 아래쪽 아이들은 공부에 취미가 없으면 다른 것을 찾아야 하거든요. 공부에 취미가 없는 하위 70퍼센트까지도 다 공부를 해야 한다는 게 문제예요.

일본 영화에서 많이 나오는 장면인데, 집안의 가업을 물려받아서 자기 삶의 기반을 만들고, 동네에서 마을청년회 하면서 재미있게 놀고, 이런 게 사실은 바람직할 수도 있어요. 물론 가업을 물려받을 수 없는 아이들도 있죠. 어쨌든 자신의 앞

일을 도모해야 하는데 그것이 공부만은 아니라는 거죠.

엄기호　학부모고 학생들이고 실제로는 최상인데 그것을 마치 중간값이고 평균인 것처럼 착각하고 있어요. 한윤형 씨가 썼던 표현대로 하면 '평균압'입니다. 평균에 대한 압력이죠. 한국은 적어도 평균이 되어야 한다는 압력이 매우 높은 사회라는 뜻입니다. 평균이 되지 못하면 탈락이고 낙오이며 패배한 인생이라는 말이 돼요. 그런데 한국 사람들이 생각하는 평균이라는 건 절대 평균이 아니라는 거예요. 너무 높다는 거죠.
　예를 들면 한국에서 서울대를 간다는 건 평균이 아니잖아요? 그런데 공부를 잘한다, 꽤 한다 이러면 서울대는 아니더라도 연고대는 가야 한다, 이렇게 생각해요. 중간쯤 되는 아이들도 소위 10개 대학 있잖아요, '서연고서성한중경외시'라고 하는, 그 정도까지는 가줘야 평균이라고 생각하죠. 이건 정말 말이 안 되는 거거든요.

하지현　10개 대학 정원을 대략 계산해보면 3만 명 정도 되거든요. 현재 수능 수험생을 65만 명 정도로 보면… 대략 4.5퍼센트. 그런데 이걸 평균값으로 생각한다는 거잖아요.

엄기호　연봉에 대해서도 마찬가지예요. 20대 기업에서 받는 연봉을 평균이라고 생각해요. 절대 중간값이 아닌 것을 평균이라고 받아들이고 그에 대한 판타지를 갖고 있어요. 아니, 정확하게 말해서 그게 평균이라고 엄청난 압력을 가하고 있는 것입니다. 개인의 판타지이기만 한 것이 아니라 사회의 구조적 압력이죠. 그리고 그에 도달하기 위해서는 오로지 공부밖에 없다고 생각합니다.

그 와중에서 공부하는 학생은 엄청 배려해주죠. 안 건드리려고. 학교에서도 그렇고, 또래 집단 안에서도 그렇고. 왜냐하면 존중해줘야 하니까. 훌륭한 걸 선택했거든요. 어려운 길을 가는 친구니까 내가 최소한 방해는 해서는 안 된다. 물론 다 그렇지는 않지만 보통 학생들은 그런 생각을 하죠. 공부를 한다는 게 굉장히 특권화된 거예요. 1차 방정식에서 고차 방정식으로 바뀌고 난 후에는 이제 여러 변수 중의 하나로 작동할 뿐인데 여전히 특권화된 변수로 치고 있는 것이죠.

하지현　만약에 평생 수만 번의 시험을 본다고 했을 때 그 사람의 이후의 인생에서 가장 큰 영향을 주는 시험을 고르라고 하면 대입학력고사, 수능일 거예요. 그리고 그로 인해서 어느 대학을 갈 수 있었다, 라는 단 하나를 가지고, 이후에 그 사람이 어떤 능력을 보이고 어떤 성취를 하든, 그 부분으로 덕을 본 사람이 굉장히 많다는 거죠. 그리고 우리는 그걸 느끼고 있는 거고.

엄기호　'요즘 아이들은 다른 세대다'라는 말을 많이 하는데 그건 곧 이들이 살아가는 세상이 달라졌다는 얘기거든요. 룰

이 바뀌고 구조가 바뀐 거예요. 그런데 이전 세대는 자기 경험을 가지고 이들을 보려고 하고 어떤 주체로 만들려고 해요. 여기서 삑사리가 나요.

486처럼 공부하면 성공할 수 있고, 성공까지는 못하더라도 자기 삶을 꾸려나갈 수 있고, 결국 모든 문제는 다 공부로 풀 수 있는데, 라고 생각하는 세대가 있죠. 그런데 지금 학교 다니는 학생들, 학생들도 다 알거든요. 그나마 공부가 제일 낫다는 건 알지만 공부 잘하는 것만으로는 안 된다는 것도 알고 있어요. 그러다 보니까 "어어…" 이러고 있죠. 그런데 부모들은 하면 되는데 왜 안 하느냐, 이게 길이다, 라고만 하는 거고.

하지현 그렇죠. 아이들은 몸으로 알고 있어요. 하지만 그 담론이 너무 거대하기 때문에 차마 한 개인으로서는 이 구조에 저항할 수가 없죠. 약간의 저항이라도 하는 순간 머릿속에서는 '나는 마이너로 가겠구나'라는 생각이 들죠. 공부를 열 개의 변수 중의 하나로 인정하지 못하고, 그걸 제일 크게 생각하는 거죠. 그러니까 공부에 저항하는 순간 그 친구는 이미 한 번 꺾여 들어간다고 생각하게 돼요.

공부적 방법론의 식민화

엄기호 지금까지 공부에 대한 강력한 판타지에 대해서 이야기했잖아요. 그런데 지금 우리 사회에서 더 큰 문제는 이런 담론이 학생들뿐만 아니라 모든 영역을 점령했다는 거예요.

어느 순간 모든 사회 영역이 학교가 돼버렸어요. 모든 사람이 학생 취급을 받고 있죠. 그리고 학생이니까, 배우는 중이기 때문에 사회는 "아직 네 몫은 없다, 너는 아직 한몫할 능력이 없다"라고 말하고, 그러니까 "너는 더 배워야 한다"라고 하죠. 이렇다 보니까 개인 입장에서는 학생이기 때문에 아직 능력이 없다고 생각하고, 그러니까 뭔가를 실질적으로 할 기회도 없고, 그렇지만 아무것도 안 하는 것은 합리화해야겠고, 그래서 공부를 해야 하는, 이런 식으로는 굉장히 분열적인 주체가 만들어질 수밖에 없어요.

하지현 그러면서 한 번도 '내가 나다'라는 느낌을 충분히 가지지 못한 채 생물학적 연령만 점점 높아지게 되죠. 요즘 제가 정말 끔찍하다고 느끼는 건, 어느 순간부터 굉장히 당당하게 수습 6개월, 그리고 몇 명은 자르겠다, 그건 네가 문제가 있기 때문이다, 이런 식의 논리가 일상화되었다는 거예요.

엄기호 반대 입장에서 젊은이들도 회사 자체를 학교처럼 생각하는 경향이 심해졌어요. 회사는 돈 벌러 가는 곳인데, 마치 뭔가를 배워야 하는 곳인 것처럼 생각한다는 거죠. 회사 가서도 뭔가를 배우지 않으면 자기가 뭔가 잘못하고 있는 것처럼 느껴요. 제 조카가 언젠가 "회사 가서는 뭔가 배우는 게 없는 것 같아" 그러더라고요. 그래서 제가 "회사는 돈 벌러 가는 곳이지 배우는 데가 아니야. 배우고 싶으면 딴 데 가야지 왜 회사에서 공부를 하려고 해"라고 했죠. 사람들이 그만큼 배워야 한다는 것에 대한 강박이 굉장한 거예요.

하지현　그렇죠, 자기계발이 그런 거죠. 자기계발이 돼야 하고, 항상 뭔가를 해야 해요. 요즘의 인문학 열풍도 같은 맥락이겠죠. 그렇기 때문에 뭔가 내가 모자란 게 있으면 그것을 배울 수 있는 곳을 찾는데, 학원 열풍이 그런 거예요. 잘 모르는 게 있어서 찾아보면 정말 그걸 가르쳐주는 학원이 있더라고요. 내가 모르는 무언가를 가르쳐주고 해결해주는 누군가가 현재 우리 한국 사회 어딘가에는 존재하고 있더라고요. 이것을 교육 시스템과 연관해서 생각해보면, 이전 같으면 알아서 공부할 것을 고등학교 내지는 대학이라는 시스템에서 가르치고 있어요.

　예를 들어 디자인 고등학교나 대학교 실용음악과가 그래요. 요즘 아이들이 〈TOP 밴드〉나 〈슈퍼스타 K〉 보면서 실용음악과 가려고 난리도 아니잖아요. 사실은 그 분야에서 전문적으로 일하면서 배워도 되는 것을 굳이 대학이라는 시스템에서 배우려고 하는 거예요. 어떻게 보면 이것도 타협이죠. 교육 시스템에 들어가서 공부를 하고 있으면 유예를 받는 것이 니까. 그래서 옛날 같으면 마이스터였을 사람들이 교수가 되 죠. 그런 분야가 학년이 나뉘고 학년에 따라서 뭘 해야 하는지 가 정해지는 학교라는 시스템으로 들어오는 것도 굉장히 한 국적인 경향인데, 물론 일본도 그런 경향이 있죠. 기기묘묘한 직업학교들이 많잖아요? 어쨌든 굳이 그래야 하나 싶은 이런 시스템이 생겨나는 것은 워낙 이 담론이 강하기 때문입니다. 애를 학교에 집어넣으면 부모도 안심되고, 본인도 안심되고, 사회적으로도 안심이 되니까.

그냥 이 담론에서 탁 튕겨져 나가 "이렇게 삽시다!"가 되면 사회적으로 꽤 많은 포션을 가질 수 있는 일들이었는데 공부 와 학교라는 시스템이 굉장히 강한 마력을 가지고 이런 부분 들을 흡수하다 보니까 학교의 영역이 확장하는 방식으로 가 고 있다는 생각이 들어요. 음악을 시작하려고 해도 '기타 3학 점 이수' 이런 식으로 시작하는 거죠. 옛날 같으면 자기들끼 리 합주하면서 음악 하다가 어느 순간 확 크거나, 유명한 뮤지 션 찾아가서 포스터 붙이고 허드렛일 하면서 조금씩 뭣 좀 배 우고 그랬는데, 지금은 5백만 원 등록금 내고 레슨을 받고 있 는 거죠. 그러면 가르치는 선생님 입장에서도 이런 건 바이올 린 선생님이나 받던 대우인데 하면서 만족스러운 거고, 안정 감이 생기는 거고, 그러면서 서로 윈윈이 되는 거예요. 안 들 어와도 되는 것들까지 그런 식으로 공부라는 거대한 시스템 안에 들어와버리는 거죠.

엄기호　지금 선생님 말씀하신 게 우리가 나눈 이야기에서 굉장히 중요한 것 같아요. 이전에는 공부가 생애사적 기획을 하는 데 가장 강력한 무기였죠. 그런데 그게 잘 안 되는 상황이 되고 있단 말이죠. 그렇다면 이제 다양한 라이프스타일이 나와야 하는데, 다양한 라이프스타일이 출현해야 할 그 시점에 다양한 교육이 출현해버린 거죠. 그런데 다양한 교육이란 게 말 그대로 다양한 교육이 아니라 교육이 다양한 영역을 식민화해버린 형태예요. 이게 정말 스쿨링하는 사회인 거죠. 어떤 의미에서는 '스쿨'이 문제의 근원이었는데 그걸 통해서 문제를 해결하겠다는 식으로 나오는 거예요. 그걸 굳이 학원에 가서 배워야 하는가? 굳이 학교화해야 하는가? 커리큘럼화해야 하는가? 인성 교육도 그렇죠. 인성을 가르칠 수 있다고 생각하세요? 정말 웃기는 말입니다.

　교육은 두 가지로 구성되어 있습니다. 하나는 가르칠 수 없고 배워야만 하는 것이고 다른 하나는 가르쳐야지만 배울 수 있는 것이죠. 미분과 적분은 가르치지 않으면 배울 수 없어요. 그렇기 때문에 학교가 필요한 것이고 교과과정이 필요하죠. 반면 인성은 가르칠 수는 없고 삶의 과정에서 배워야만 하는 것이에요. 그런데 그걸 지금 가르치겠다고 나서는 것이죠. 가르칠 수 없는 걸 가르치겠다고 하는 것, 저는 이게 정확하게 삶을 식민화하는 과정이라고 생각합니다.

　사실 '학學' 자를 붙인다는 건 굉장히 어마어마한 일이에요. 어떤 건 아직 '학' 자를 안 붙이잖아요. '술術'일 수도 있는 거고. 영어에서도 '-ology', '-tics' 등 다양하게 구분하죠. 제 전공인 문화학 같은 경우도 '문화학'이 아닌 '문화연구'라고 하거든요. 'cultural studies'라고. '학' 자를 붙인다는 것은 어마어마한 일이에요. 체계가 만들어져야 하는 일이죠. 그런데 이 모든 걸 다 규격화해내는 거 같아요. 공부를 통해 문제를 해결하겠다고 삶의 영역에서 배워야 하는 것들까지 계속해서 식민화하고 규격화하는데 '그렇다면 왜 이런 현상이 일어나는가?' 생각해봤을 때 두 가지가 있는 것 같아요.

첫 번째는 시장의 창출이에요. 이 시장이 어마어마하거든요. 가르치고 배우고 하는 걸로 해서 교수직 만들어지고, 학생들 등록금 내고 하는 게 엄청난 시장이죠. 또 하나는 한국 같은 경우가 '이 분야가 먹고살 만한 곳이다' 그러면 공정해져야 한다고 생각해요. 경쟁이 심한 사회이다 보니까 그렇겠죠. 그리고 그러자면 평가가 표준화되어야 한다고 생각해요. 표준화된 평가는 곧 자격증을 의미하죠. 그리고 자격증이 만들어진다는 것은 시험이 있다는 것인데, 시험이란 능력의 위계를 상정하는 것이죠. 결국 그렇게 되어야만 공정하다고 생각하면서 능력과 자격을 등치시키는 것이 한국에서 굉장히 재미있는 현상이라고 생각해요.

하지현 지금 한국 사회에서는 그런 논리가 여기저기로 퍼져나가고 있죠. 뭐가 하나 생겨서 자리를 잡게 되면 그다음에 생기는 게 제도화와 학원이에요. 일종의 학술적 위계질서를 만들어요. 몇 급 자격증을 만들고, 몇 개월에서 몇 년의 교육과정을 촘촘하게 만들죠. 그게 다 기존 교육 시스템의 복제예요.

가장 대표적인 게 바리스타와 네일아트라고 생각해요. 요즘 주변에 보면 바리스타 학교 다닌다는 사람들이 굉장히 많아요. 6개월에서 1년짜리 코스들이 있는데 다양한 사단법인에서 만든 자격증을 따기 위해서 떼돈을 들여요. 어느 순간부터는 바리스타 학원은 나와줘야지 취업이 돼요. 그러니까 학원 측에서는 나름 돈이 되는 거죠. 네일아트도 학원이 있는데 기술에 따라서 몇 급, 몇 급 다 정해져 있고, 그런 식으로 위계를 만드는 게 공정함을 만들고 또 그게 시장을 만든다는 것. 어떻게 보면 한국 사회의 위계가 연공서열에 의한 위계, 들인 돈에 의해서 가늠되는 거죠.

옛날에는 도제 시스템으로 가능했던 일이 학교 시스템으로 대치되면서 또 하나 발생한 현상이 학교를 나온 친구들이 그 시장이 커지는 한 새끼 시장에서 먹고살 수 있다는 거예요. 그런 것 중에 대표적인 것이 연극영화과예요. 연극영화과 신입생 입학 정원이 3천 명에서 5천 명 정도인데, 졸업한 친구들의 가장 큰 수입원은 연기 학원 강사예요. 보통 연극영화과 입학 경쟁률이 70 대 1, 100 대 1, 이렇다고 해요. 그러면 입학 정원의 곱하기 70, 100이 되는 학생들이 있는 거예요. 여기다 몇 개월 기웃기웃하다 그만두는 학생들까지 계산하면 그 수는 어마어마할 겁니다. 오디션 프로그램에 참여하는 연인원을 봐도 짐작이 가죠. 지나가다 보면 조그만 연기학원 되게 많잖아요. 그러니까 이 친구들이 먹고살 길이 생기는 거예요. 하다못해 SM과 JYP 들어가기 위한 오디션용 기획사, 즉 준비 학원도 따로 있어요.

그런데 이렇게 학원이 흥행하는 근본적인 요인은 무엇보다, 지금 우리가 이야기하고 있는 기본 핵심인 공부 안에 있을 때는 안전하기 때문이에요. 모두가 받아들여요. 혼자서 기타 치고 있어요, 그러면 "미친놈 지랄하고 있어" 할 텐데, 학교를 다니면서 2년만 공부하면 졸업장 또는 자격증을 얻을 수있어, 게다가 그 분야에서는 유명한 교수한테 배운단 말이죠. 그러면 마침 스스로도 앞날이 불안했던 차에, 일단 2년 동안은 공부를 하는 거고, 주변 사람, 부모한테도 할 얘기가 있는 거고, 뭔가 어딘가에 소속되어 있다는 것에 대해 안도감이 생기는 거죠. 스쿨링, 제도가 주는 안정감. 그러니까 어떤 면에서는 투항을 하는 거예요. 나는 요리 할래, 음악 할래, 커피를 만들래 하면서 그 세계로 갔으면 그 세계 속에서 자기 깃발을 꽂아야 하는 건데, 그러지 못하는 거죠. 이것은 우리 사회의 공부 담론, 교육 담론의 흡인력이 진공청소기처럼 강력하기 때문이에요.

엄기호　다양한 배움이 출현해야 할 곳에서 다양한 배움이 출현하지 못하고, 다양한 영역을 획일적인 배움으로 식민화한 상태가 된 거죠. 다른 나라와 비교해도 최악의 상태를 만들어가고 있어요. 다양성조차도 획일화해버리는 거죠.

또 하나는 픽업아티스트 같은 직업이 만들어지는 게 사람들이 배워야 한다고 생각하기 때문인 것도 있지만 더 무시무시한 건, 이걸 가르칠 수 있다고 생각하기 때문이에요. 그러니까 학원이 만들어지는 거예요. 그러니까 제가 요즘 교육 쪽에서 강의하는 주제 중의 하나가 아까 말씀드린 것처럼 '배울 수는 있되 가르칠 수 없는 게 있다'예요. 사람들이 교육에 대해서 굉장히 착각하는 것 중의 하나가 '가르치면 배운다'예요. 그런데 어떤 건 가르칠 수 있지만 어떤 건 가르칠 수 없다, 그리고 어떤 건 가르칠 수 없는데 배우는 게 있다, 그것을 판가름하는 게 저는 교육의 핵심이라고 생각해요.

최근에 강의한 주제가 '가르칠 수 없는 것, 그러나 배울 수 있는 것'이에요. 인성 교육 비판하면서 제가 하는 얘기인데요, '효자가 돼라' 이걸 어떻게 가르쳐요? 효자는 자기가 살면서 돼야 되겠다고 생각하면서 배우는 거거든요. 학교라고 하는 건 여기 와서 배우라는 것도 있지만 우리가 가르치겠다, 가르칠 수 있다, 라고 얘기하는 것이고, 가르칠 수 있으니까 거기에 체계를 만들어서 학문으로 만드는 것이고, 그 정점에 대학이 있는 거죠. 원래 가르칠 수 없는 것들, 이성을 사귀는 법, 남들에게 사랑받는 법, 상사와의 관계, 이런 건 가르칠 수 없는 것이거든요. 그건 부딪히면서 경험을 통해서 배우는 건데 이걸 지금 다 가르칠 수 있는 것으로 만들어놨죠.

하지현　얼마 전에 연애연구소를 운영하는 분과 이야기를 나

눌 기회가 있었어요. 기업 교육을 나가서 '연애란 어떻게 하는 것인가'를 가르치는 분이에요. 제일 반응이 좋은 직업군이 법조계, 의료계라고 하더군요. '이럴 땐 이렇게 하고, 저럴 땐 저렇게 해라'라고 이야기해주는 것에 열렬한 반응을 보인대요. 심지어는 교육이 끝난 다음에 어떤 분이 와서 "저, 이런 거 질문해도 될까요? 문자를 보냈는데 답장이 없어요, 이건 거절의 의미일까요?"라고 물어보더래요. 그런데 재미있는 건, 이분이 저한테 "가장 시큰둥한 반응을 보이는 데가 어딘지 아세요?" 그러더라고요. 어디일 것 같으세요? 대형 마트 직원 분들이래요. '이런 뻔한 걸 왜…' 이런 반응이었던 거죠. 이분들은 늘 사람을 대하고 있으니 도리어 연애 기술이라고 하면서 사람 대하는 기술 같은 것을 가르치는 게 조금 웃기는 거예요. 어떤 이들은 경험마저 배워야 하고, 어떤 이들은 그런 배움이 이해가 안 되는 거죠. 그건 그냥 삶이고 생활인데.

삶이 사라지는 공부

엄기호 공부를 통해서 알 수 있는 게 있고 살아가면서 터득해야 하는 게 있는데, 살아가면서 터득해야 하는 영역들이 점점 좁아지고 있으니 진짜 삶이 사라지고 있는 것 같아요. 삶이라는 것은 어차피 잡종인 것이고 누군가와의 마주침인데, 그

마주침을 다 위험이라고 하고 제거해놓은 상태가 되었어요. 그런 상태에서 공부의 영역이 점점 확장되고 있다 보니까 이제는 살면서 터득해야 하는 것에도 매뉴얼이 등장하고, 배울 수는 있지만 가르칠 수는 없는 것이 이제는 가르칠 수 있는 것이 되면서 거대한 공부 산업이 만들어지고 있죠. 이 부분에 대해서 환호하고 있는 사람들이 있고요.

좀 전에 선생님이 말씀하신 이야기를 듣고 안타까운 게, '아 저런 것을 배워야지'라고 생각하는 사람들이 있고, '아니, 저런 것도 가르치고 배우나' 하고 생각하는 사람들이 있는데, 사실 대형 마트에서 일하시는 분들이 건강한 삶을 살고 있는 거거든요. 문제는 이런 분들이 사회적으로 소외 내지는 주변화되어 있다 보니까 실제로는 본인들이 제대로 잘 배운 것임에도 자신들이 배운 것을 제대로 배운 것으로 인지하지 못하게 되는 거예요. 이분들이 배운 것이야말로 삶의 기술인데 그것의 가치를 제대로 인식하지 못하게 되는 구조인 거죠. 이런 분들에게 당신의 삶과 생각에 대해 이야기를 해달라고 하면 "제가 아는 것도 없고 특별한 것도 없는데 뭘…" 하고 소극적으로 이야기해요. 그건 앎의 영역이 아니라고 생각하기 때문이에요. 전 이런 것이 정말 큰 위기를 만들어냈다고 생각해요. 매뉴얼화된 공부, 학교화된 공부라는 것이 삶에서 터득한 앎을 앎으로 인지하지 못하게 만드는 거죠.

하지현 그렇죠. 앎의 영역이라고 해야 될 것들이 공부의 영역으로 식민지화되면서 그만큼 우리가 일상 속에서 배워야 하는 것들을 익히지 못하는, 그런 능력이 사라져가는 현상이 분명히 발생하고 있죠.

엄기호　그런 맥락에서 보면 삶이라는 것이 굉장히 허약해지고, 빈약해지고 있는 것이죠. 공부는 삶의 보조이고, 살아가기 위해서 공부하는 것인데, 지금은 거의 공부를 위해 살아가는 것이 되었어요. 삶의 영역에서는 배움이 일어나지 않고 있고, 배움이 일어난다 하더라도 그것을 배움으로 인지하지 못하게 되고, 배움이 일어나더라도 계속 불안해지게 되는 거예요. 그럴 바에는 차라리 내가 학원 가서 깔끔하고 매끄럽게 배우는 게 속 편하겠다는 생각을 하게끔 되는 것 같아요. 공부 중독인데 공부가 없어요. 그리고 결국 삶이 사라지고 있는 거죠.

하지현　공부해서 익힌 다음에 뭔가를 해야 하는데 그다음이 없기 때문이죠. '공부해서 뭘 할까'가 아니라 '다음 공부는 뭘 할까'이죠.

엄기호　공부라는 것이 삶에 통합되어 있어야 하잖아요? 그런데 근대 학교가 공부와 삶을 단계론적으로 분리시켜버렸어요. '공부를 하고 난 뒤에야 살아갈 수 있다.' 그러니까 공부를 하는 동안에는 사는 것이 아닌 게 된 거죠. 삶이 유예되는 거예요. 지금 학교가 딱 그런 공간이잖아요?

학교에서 우리는 친구랑 만나서 싸우기도 하고, 정치도 하고, 비열한 짓도 하고 그러면서 '아, 이러면 안 되겠구나' 깨닫기도 하고 그래야 해요. 학교가 총체적인 삶의 공간이 되어야 하죠. 그런데 학교를 삶의 공간으로 인지하지 않고, '학교는 공부를 하는 곳이다'라고 생각해왔어요. 그래도 학교가 공부를 하는 곳이라고 생각되어 온 것은 공부를 하면 삶이 주어진다는 전제 때문이죠. 그 말은 '취직이 된다', '돈벌이를 할 수 있다'는 거예요. 그런 전제 하에서만 공부의 단계론이 성립할 수 있어요. 그런데 지금 한국 사회에서는 이런 전제가 무너지고 있잖아요. 공부를 한다고 해서 삶이 주어지는가? 지금은 그렇지 않거든요. 그렇다면 학교를 다르게 인지해야 하잖아요? 삶과 공부를 단계론적으로 인식하는 것이 합당치 않다, 그러니 다른 방식으로 나아가자 그래야 하는데 그 방법을 못 찾다 보니까 오히려 그렇다면 '모든 것을 공부하자' 이런 형태로 나아가버리는 거죠.

성찰과 전환과 혁신의 결정적인 국면에서 굉장히 반동적 퇴행이 일어나고 있는 거죠. 더 이상 공부한다고 해서 삶이 준비되는 것이 아니라면 이 단계론을 깨고 어떻게 삶과 공부를 통합할 것인가로 나아가야 하는데, 다 준비가 안 되었으니까 연애를 비롯해서 모든 것을 공부하면서 삶을 유예하는 것, 삶으로부터 도망가게 되는 것이죠.

하지현 여기에 패러다임의 변환도 필요하겠죠. 그런 면에서 우리 사회는 문화적 전통이 너무 강해요. 일단 사농공상이잖아요. 장사하면 천하게 보고요. 기존의 패러다임을 넘어 틀 밖에서 살아남은 사람들의 예들이 많이 보여야 하는데 아직까지 그 부분이 미흡하죠. 더구나 그런 사람들이 새로운 자기 시스템, 공부 시스템을 또 만들어내고 있죠. 예를 들면 서태지가 음악 학교를 차리는 식이에요.

엄기호　참, 여기에서 재미있는 현상이 있어요. 틀 밖에서 성공한 사람들이 있잖아요. 성공을 하고 나면 그것으로 죽 살아가면 되잖아요? 그것이 다른 사람들한테 훨씬 더 영감을 주거든요. 그런데 꼭 책을 씁니다. 꼭 학원을 해요. 결국 자신의 성공 방식을 매뉴얼화하는 거예요. 본인이 그러고자 하는 욕망이 있고 또 사람들이 그것을 원하죠. 결국 한국에서 블루오션은 공부밖에 없어요. 출판계도 레드오션이잖아요. 그런데 출판학교는 잘되고 있어요. 출판계는 망해가고 있는데 말예요. 이런 식으로 지금 공부 산업만 블루오션이 된 거죠.

하지현　책을 내도 책을 팔려는 게 아니라 그걸 기반으로 강연을 다니죠. 엑기스로 공부를 시켜주는.

엄기호　그런 결론으로만 계속 나아가죠. 그런 관점에서 보면 전기 자본주의에서 후기 자본주의로 넘어가면 더 이상 구조를 조정해서 내 삶을 보호하려는 생각을 버리게 돼요. 구조가 쉽게 안 바뀔 것 같으니까요. 그래서 서구 같은 경우에는 앞서 말했듯이 라이프스타일을 조정하죠. 자신의 경제적 수준과 사회적 자원에 맞는 형태로 라이프스타일을 바꿔요. 혼자 산다든가, 결혼을 하지 않고 동거를 한다든가, 섹스파트너만 둔다든가, 아이를 낳지 않는다든가, 공동가족을 만든다든가, 하는 방식으로 말이죠.

이렇게 다양한 라이프스타일이 출현하려면 하나가 없어져야 해요. 바로 사회적 압력이죠. 표준화된 삶의 시나리오에 대한 압력이 사라져야 해요. 서구 사회나 일본만 하더라도 표준화된 삶의 시나리오라는 것이 점점 사라져가고 있어요. 왜냐하면 통치 권력의 입장에서도 도움이 안 돼요. 그래서 미디어를 통해서 표준화된 삶의 시나리오에 대한 압력을 해체하는데 어마어마한 투자를 하죠. 그 결과로 현대사회의 여러 '-족'들이 나타나게 되는 거고. 그래야 사람들이 삶을 견딜 수가 있게 되니까요.

그런데 한국은 딱 그 시점에서 사회적 압력이 더 강력한 형태로 등장해요. 그 사회적 압력의 핵심이 부모거든요. 결혼이나 출산을 하지 않는다고 하면 부모는 머리를 싸매고 드러눕죠. 그런 면에서 한국이 참 비극적이에요. '너라도 이 표준화된 삶의 시나리오대로 살아갈 수 있는 막차를 타라.' 그 막차를 타게 하기 위해 공부를 엄청 시키는 거예요. 그런데 학생들이 갖고 있는 지금의 무기력의 핵심은 정말 이게 막차일까, 혹시 실험용 차는 아닐까 하는 의심에 있다고 봐요. 행선지가 정해지지 않은 실험용 차.

하지현　그런데 우리는 일반적으로 행선지가 정해져 있기를 바라죠. 정해져 있지 않으면 안 하고 싶어 해요. 사실 이제는 정해져 있는 건 없다는 걸 인정해야 하는데 말이죠.

지금은 회사에 입사하면서 내가 이 회사를 20년 다닐 수 있다고 생각하는 경우는 거의 없잖아요? 하다못해 전문직이라는 의사직도 전에 비해 유동성이 많이 커졌어요. 한곳에 머물러 오래 근무하기보다 이직이 많아졌어요. 교수를 하다가도 개업을 하거나 다른 직장으로 옮기는 것이 더 이상 새롭지 않고요. 그런데 여전히 사람들은 자기 삶이 정해져 있기를 바라죠. 굉장히 빠르게 안정적으로 가는 어떤 흐름에 나를 싣고 싶어 해요. 그러기 위한 준비가 되기를 바라고요. 그런데 그런 노선들이 점점 더 없어지고 있잖아요?

굉장히 안전하다고 생각했던 노선들이 거의 다 사라지고 있죠. 10년 전에 비하면. 법률직, 의사직, 교사직, 심지어 공무원직조차도 이제 안전성이 불확실해지고 있어요. 그래 봤자 길어야 15년에서 20년이죠. 게다가 준비 기간이 길어지다 보니 시작 시점이 늦어져요. 그러니까 실제로 타는 기간이 짧아지죠. 이런 상황에서 더 합리적인 생각은 어차피 길은 정해져 있지 않으니까 먼 미래는 생각하지 말자, 바로 앞에 닥친 일들을 하나하나 잘 처리해나가는 것으로 내 삶의 방법을 바꾸자, 그게 더 옳은 게 아닌가 싶어요.

삶의 안전성을 위해서라면 30년을 바라보면서 그걸 대비해 하나하나 해나가야 할 텐데, 사실은 이제 사회의 큰 흐름의 변화는 10년 후를 내다보는 것이 불가능하고 합리적이지도 않아요. 10년의 날씨는 예측할 수 없지만 일주일의 날씨는 예측할 수 있듯이, 차라리 그 정도 선을 예측하면서 하나하나 대비해 살아가면서 내 것들을 쌓아가는 거죠. 오늘 최선인 것들로. 그것이 좀 더 현실적인 것이 아닌가, 좀 덜 상처받고 좀 덜 에너지를 소비하게 되는 것 아닌가. 그렇게 하면 적어도 금 밖으로 이탈했다고 '난 망했어' 이렇게 되지는 않죠. 그렇게 짧게 짧게 가다 보면 얼추 이만큼 가요. 약간 지그재그이지만. 그게 더 현실적으로 가능한 방법일 것 같아요.

엄기호 공부 중독의 비극적 역설은 여기에 있는 것 같습니다. 삶의 문제를 풀기 위해서 공부를 하는데 공부와 삶을 분리시키고 공부에 올인하다 보니 삶이 더욱더 빈약하고 허약해지고 있다는 것. 그 빈약함과 허약함을 채우기 위해서 가르칠 수 없는 것을 또 가르칠 수 있는 것처럼 만들면서 삶은 공부의 식민지로 전락하고 있고요.

이 과정에서 공부가 교육화되고 있는 것은 아닌지 생각해 볼 필요가 있습니다. 넓게 보면 삶은 그 자체가 공부의 과정, 배움의 과정이잖아요? 인간은 살면서, 살아가기 위해서 늘 배울 수밖에 없죠. 그걸 우리가 공부라고 할 수 있을 거예요. 반면 교육은 그것을 단계론적으로 구분하여 제도화한 것이라고 할 수 있어요. 교육은 반드시 필요하죠. 가르치지 않으면 배울 수 없는 것들이 있기 때문이에요. 그러나 공부 전체가 교육이 되는 것은 매우 위험합니다. 가르칠 수 없는 것도 가르칠 수 있는 것처럼 만들어버리거든요.

이런 점에서 우리가 이 책에서 말하는 공부 중독이란 사실은 교육 중독이라고 할 수 있을 것 같아요. 그 바닥에는 삶의 위기에 대한 초조함이 크게 작동하고 있는 것 같습니다. 중간이라도 가려면 막차라도 타야 하고, 그 막차를 타는 유일한 방법이 교육 자본을 축적하는 공부라고 생각하다 보니 이 상황이 더욱더 악화되고 있는 것 아닌가 합니다. 어찌되었건 교육 자본이 신분을 상승시키고 삶을 안정시키는 첩경이었던 시절이 있었으니까요. 이 신화에서 벗어나야 할 때 벗어나기는커녕 더욱 강화하고 있는 것이 지금의 현실이고. 그러다 보니 삶이 더욱더 빠른 속도로 망가지고 있고요. 다음에는 그럼 이제 우리가 이 중독에서 벗어나자면 어떻게 해야 하는지에 대해 좀 더 이야기를 나눠보죠.

3부

»

중독에서 해독으로

공부 디톡스

하지현 지금까지 1부에서는 공부 중독으로 인해 발생한 학생들의 문제에 집중했고, 2부에서는 이런 현상의 근본적인 원인을 분석해본 것 같아요. 사회, 역사, 심리적인 원인들, 근대교육의 실패, 평균에 대한 이야기, 공부적 방법론의 식민화. 심각한 중독 현상이 있는 것이 확인됐죠. 그렇다면 이제 공부 디톡스에 대해 이야기해야 하지 않을까 싶어요. 중독에 빠져 있으니까 벗어나야 하잖아요. 지금은 공부를 공부로 이기려고 하는데, 공부 디톡스를 하려면 프레임에서 벗어나야 하거든요. 프레임 자체에 대한 변화를 주는 게 필요해요. 그리고 그게 왜 필요한가에 대해서는 좀 더 실질적인 이야기를 나눠보고 싶네요.

엄기호 지금까지 선생님과 공부 중독이라고 말해왔는데 엄밀히 보면 교육 중독이죠. 교육 시스템과 공부 사이의 간극이 너무 큽니다. 저는 '교육공동체 벗'에서 교육 불가능성에 대한 이야기를 쭉 해왔어요. 이 사회 전체가 더 이상 사람을 성장시킨다는 의미에서는 교육이 불가능한 상태에 있다는 거죠. 그렇다면 지금 우리에게는 무엇이 가능할까를 이야기해보고 싶어요. 그런데 그 전에 이 이야기를 하기 위해서는 두 트랙으로 나눠서 생각해봐야 할 것 같아요.

첫 번째는 공부 중독의 진앙지인 중산층을 중심으로 이 상황을 막 돌파하려고 하는 그들의 노력에는 어떤 한계들이 있는가, 그런 한계들이 있다면 어떻게 해야 하는가. 이런 노력이 어디에도 쓸모가 없다는 걸 빨리 깨닫고 다른 탈출구를 만들 수 있는 방법에 대해 이야기해야 하는 것이고, 두 번째는 중산층에 속하지 않는 그룹의 학생들이에요. 우리나라의 교육 현실에 대해서 비판적인 사람들이 이 난국을 타개하기 위해서 여러 가지 대안들을 내놓고 있죠. 하지만 그것은 사실 중산층 학생들에게 집중되어 있어요. 우리가 온통 공부에 중독되어 있는 우리 사회에 대해서 이야기하고 그것을 돌파해나갈 길을 모색해본다고 할 때, 공부 중독 담론에서 소외되어 있는 학생들도 같이 끌어안아야 한다고 생각해요. 그럼 도대체 이 학생들은 뭘 배워야 하는가, 이들한테 뭘 준비시켜야 하는가에 대해서 이야기해봐야 할 것 같아요. 그 학생들에게는 완전히 다른 전략이 필요하거든요.

대학 진학,
중산층 지식인들의 게임

엄기호　대학 진학에 대한 인식이 달라지고 있어요. 그 필요성에 대해서 말이죠. 그런 변화가 실제로 감지되고 있고요. 대기업의 생산직 노동자, 여기에 속하는 사람들은 이제 대학 진학에 대해 회의적이에요.

대기업 생산직 노동자들이 돈을 꽤 많이 벌거든요. 노동 계급의 대표는 아니고 중산층화된 노동 계급이죠. 이 사람들은 이제는 대학 가 봤자 아무 짝에도 쓸모없다는 걸 알아요. 그래서 어떻게 하는가 하면, 서울에 있는 대학에 갈 정도면 투자를 아끼지 않습니다. 중산층의 신분은 유지하되 생산직에서 사무직으로 바꿀 수 있으니까요. 하지만 지방사립대를 갈 정도다 그러면 아예 전문대를 가라고 합니다. 지방국립대는 좀 헷갈려 하는데, 이렇게 보냈다가 중퇴시켜요. 4년제를 나오면 생산직에 못 들어가거든요. 생산직 보호조치 때문에 그래요. 이쪽에서는 대학을 보내도 소용없다는 걸 일찌감치 깨닫고 초등학교 고학년에서 중학생이 되면 판가름을 해서 투자를 할지 말지 결정을 해요.

이들보다 조금 더 경제력이 낮은 생산직 노동자들, 자영업자들은 대학 보내려고 그렇게 노력하지 않아요. 이런 사람들은 교육에 정말 관심이 없어요. 지방에서 교사들 만나서 이야기해 보면 교사들이 부모들을 만나고 싶어 해요. 학생을 공부를 시키고 싶으니까요. 그런데 이 부모들은 "우린 모르겠어요, 선생님이 알아서 해주세요" 하고 만다는 거예요.

사실 지금 대학을 보내려고 모든 걸 쏟아붓고, 대학에 엄청난 텐션을 가지고 있는 사람들은 전문직, 대기업 사무직, 조금 큰 규모의 자영업을 하고 있는 중산층이에요. 대학 진학은 한국의 중산층 게임이에요. 이 사람들이 대학을 어떻게든 보내려고 하는 거죠. 이 사람들 만나서 얘기해보면 이들한테는 공포가 있어요. 자기 자식 대에서 계급이 재생산되지 않을 것 같은 공포가 있는 거죠.

중산층이 이렇게 대학에 목을 매는 건 자기 계급을 재생산해야 하는데, 중산층의 부라는 것이 그것만 물려줘서는 재생산이 안 되고, 여기에 '플러스 알파'가 있어야 하잖아요. 그게 바로 전문직이거든요. 아파트는 물려줄 수 있어요. 그런데 그것만 갖고는 안 되잖아요? 지속적으로 부를 창출할 전문적 기술이 필요한 거죠. 그래서 이들이 대학에 대해 갖고 있는 텐션이 엄청나게 크고 갈수록 경쟁이 치열해지고 있는 거죠.

이들이 그동안 별수를 다 써본 거죠. 유학도 보내봤다가, 사교육도 엄청나게 해봤다가, 요새는 명상도 시킨다고 하더군요. 마인드 컨트롤해야 한다고. 비용이 점점 증가하는 거예요. 그러다 보니 감당이 안 되는 밑에서부터 떨어져나가는 거죠. 대학 진학에 대한 텐션은 중산층이 아닌 다른 계층에서는 점점 줄어들고 있어요. 계산이 너무 빠르니까요. 하지만 역설적으로 중산층의 코어에서는 텐션이 점점 더 강해지죠. 거시적인 구조로 보면 그런 양상으로 흘러가고 있는 것 같아요.

하지현 그렇죠. 단적인 예를 들어보면, 2008년까지 서울 출신으로 해외 유학을 간 초중고생이 1만 4천 명이나 됐거든요. 그런데 작년에는 3,400명까지 줄어들었어요. 이게 무엇의 서곡이라고 생각되느냐면, 바로 중산층 붕괴죠. 예전에는 빚을 내서라도 해외 유학을 보내면서도 앞으로 돈을 더 벌 수 있겠지, 라는 낙관적인 전망을 갖고 있었는데 이제는 그런 사람들이 아주 빨리 줄어들고 있는 거예요. 정말 비용을 감당할 수 있는 사람들만 보내고 있는 거예요.

사교육 시장도 줄어들 가능성이 있어요. 극렬하게 저항할 세력들이 있겠지만요. 사교육비 지출 통계를 봐도 경기가 나빠지면서 예체능 쪽부터 줄어들고 있어요. 태권도, 음악, 미술부터 안 시키는 거죠. 그다음에 독서, 논술. 끝까지 쥐고 있는 게 영어, 수학이죠. 맨 바깥부터 컷오프되리라는 생각이 들어요. 이 신호는 중산층의 마음이 바뀐 걸 의미하지 않아요. 중산층의 붕괴로 인해서 하고 싶지만 못하게 된 겁니다.

엄기호 중산층 사람들이 엄청나게 투자한 결과를 봤을 때는 인풋보다 아웃풋이 너무나 적거든요. 아웃풋이 적다 보니까 아웃풋을 남하고 나누기도 싫고, 이 영역에 자기보다 투자를 적게 한 인간이 들어오는 것도 싫고, 이러면서 엄청난 문제들이 양산되고 있죠.

절박한 자들의 정의롭지도
합리적이지도 않은 선택

하지현　서울 캠퍼스냐 지방 캠퍼스냐, 수시냐 정시냐, 지균
(지역균형전형)이냐 학교장 추천이냐 하는 식의 비교, 정규직과
비정규직의 차별, 이런 모든 부분들이 엄청나게 투자한 결과
로 내가 얻게 된 자리이기 때문에 차별하는 것은 당연하다고
생각하기 때문이에요. 그런 부분들이 지금의 젊은 친구들을
굉장히 보수화시키는 측면이 있고요.
　지난 백 년간의 교육 시스템의 정수는 많이 아는 자가 성공
하고, 성공한 자는 능력 있는 자다, 공부는 효율성을 위해 존
재하는 거다, 그렇기 때문에 공부를 못한 자는 무능한 자다,
그것은 개인의 문제다, 라는 생각이에요. 개인의 능력 문제로
치환해버리는데, 그것이 공부 능력으로 국한된 게 아니라 그
사람의 '존재 가치'로까지 확대되어버린다는 것이 문제의 핵
심입니다. 공부를 못하면 사회적 발언권도 없고 권리를 주장
할 수 없다고 여긴다는 것이죠. 교육 시스템에서 시험이라는
것은 매우 공정한데 이 공정한 테스트에서 승리해서 올라온
자는 그 이전 단계에서 어떤 자본 투자를 했든 상관없이 능력
자다라는 논리가 다른 길을 통해서 같은 자리에 올라온 사람
들에 대해 그럴 능력이 없는 사람들이 들어와 있다고 여기게
만듭니다. 그걸 통해서 자기가 갖고 있는 부분들을 더 부각시
키고 싶은 면들이 생긴다는 거죠.

아울러 과잉 투자도 문제지만 그래서 얻게 되는 결과가 1인 분이 채 안 된다고 느껴진다는 거예요. 가령, 식당에 넷이 왔는데 각자 두 그릇씩 나눠 먹을 수 있어요. 나름 풍족해요. 어차피 다 못 먹어요. 이렇게 되면 누구는 싼 티켓 사서 왔다고 해도 크게 뭐라고 안 해요. 그런데 넷이 앉았는데 세 그릇밖에 없으면 '아니 어떤 놈이 공짜로 들어온 거야' 이런 느낌이 드는 거예요. 나는 제 돈 주고 들어왔는데 눈치를 보니 쟤는 할인권으로 온 거 같아요. 게다가 더 좋은 자리에 앉아 있어요. '이게 말이 돼?' 이런 생각이 드는 거죠.

엄기호　그래서 선생님은 중산층들한테 그만두라는 메시지를 던지고 싶으신 건가요? 그게 사회적으로도 개인의 입장에서도 바람직하지 않다. 다시 말해 사회적으로 정의롭지도 않고 개인적으로도 합리적이지 않다는 메시지?

하지현　그렇죠. 우리나라가 OECD 10위권의 나라가 됐는데 그럼으로써 갖게 된 장점은 486세대 또는 그 윗세대들이 어느 정도 자본을 축적했다는 거예요. 그런데 지금 윗세대들은 절대 자산을 물려주지 않겠다, 나를 위해서 쓰겠다, 라는 의식이 강해지고 있어요. 바람직한 변화죠. 자식에 대한 과잉 투자가 많이 줄어들 수밖에 없는 구조가 되고 있으니까요.
　제가 요즘 늘 얘기하고 있는 것 중의 하나가 내가 자식에게 줄 수 있는 가장 좋은 선물은 나의 건강함, 내가 독립해 살아갈 수 있는 능력이에요. 내 자식의 좋은 학력과 좋은 직업이 아니라는 거죠. 좋은 학교 보내주고, 좋은 직장 취직시켜주느라 뒷바라지했다고 아이들이 고마워하는 것도 아니에요. 자식이 서른다섯 살이 되었을 때를 바라보는 지향점이 바뀌어야 한다는 겁니다. 내 아이가 좋은 직장을 다니는 걸 흐뭇한 표정으로 지켜보고 자랑스러워하는 그림이 아니라, 내가 여전히 건강하고, 경제적으로 독립적으로 살아가면서 자식과 좋은 관계를 유지하고 있는 것을 그려야 해요.

마루야마 겐지 식으로 얘기하면 자식도 엄밀하게 말하면 남이다, 아들러 식으로 말하면, 아무리 자식이라도 자식의 삶에 대해서 왈가왈부하지 마라. 그런데 우리나라는 그게 참 안 되죠. 자식을 자아의 확장이라고 생각하면서 자식이 잘되는 것이 내가 잘되는 것이라고 여기죠.

자신의 삶의 성적표가 자신의 성취에 의해 매겨지는 게 아니라 애가 대학 갈 때, 취업할 때, 결혼할 때, 이렇게 세 번, 자신의 인생 성적표를 받는다고 생각해요. 자기 인생에서 내가 뭘 얻었고, 내가 뭘 재미있게 생각했고, 내가 그동안 살면서 사회에 어떤 공헌을 했다, 이렇게 생각하는 게 아니라 내 자식이 어느 대학에 갔고, 어디에 취직했고, 어떤 직업을 가졌고, 어떤 집안과 결혼해서 어느 동네에 살고 있는가를 가지고 자기 인생의 성적표를 받고 있다는 것은 정말 불행한 일이라는 거죠.

엄기호　방금 선생님이 말씀하신 그 메시지를 매우 강력하게 던지는 게 정말 중요하다고 생각해요. 왜냐하면 학교 안에서도 그렇고, 사회에서도 그렇고 공부 중독이 차별과 혐오를 굉장히 광범위하게 양산해내고 있거든요. 그 핵심에 지나친 과잉 투자와 보잘것없는 아웃풋이 있다 보니까, '내가 이 개고생을 해서 어떻게 얻었는데 내가 왜 쟤랑 이걸 나눠야 하지', '왜 내가 쟤랑 동등해져야 하지', 이런 생각에 용서가 안 되는 거죠. 그리고 이게 안 되면 안 될수록 중산층들은 교육을 더욱더 특권화하려고 해요. 교육은 가장 공정한 것이고 그렇게 교육을 받은 사람이 권력을 독점하고 경제적 성과도 더 많이 가져야 한다. 아마도 공공선이라는 것이 이 계층의 사람들에게는 무의미한 소리로 들릴 거예요.

그러니까 제일 중요한 것은 그것이 가장 멍청한 선택이라는 것을 깨달아야 하는 거예요. 가장 합리적 선택이란 이기적 선택인데 그 선택이 이타적이기까지 하다면 좋고, 아니면 조금 섭섭한 거고, 하지만 어쨌든 최소한 그 이기적 선택이 남한테 피해는 끼치면 안 된다, 이 정도 선에서 선택 기준을 생각해본다면, 자녀 교육과 관련해서 제가 볼 때 한국에서 가장 합리적인 선택을 하고 있는 계층은 대기업 생산직이에요.

하지현　그렇네요. 딱 그렇게 하고 있네요. 몸으로 그렇게 살아왔기 때문에 그런 선택이 가능한 거겠죠. 그런데 그 선택은 중산층 지식인들에게는 자기가 안 가본 세계, 모르는 세계인 거예요. 그렇게 봤을 때 중산층 지식인들이 교육에 목을 매는 건 자기가 제일 잘했던 것이기 때문이죠. 그만큼의 과실을 얻었기 때문에 상층부에서 그 신화를 퍼뜨린 거예요. 공부를 잘해서 성공한 이들이 상층부를 차지해서 과실을 더 가져가는 것에 대해서 뭐라고 하지 마라, 즉 교육 시스템 안에서 자신들의 독과점을 합리화한 거죠. 그들은 그런 시스템에서 잘 해나갈 수 있는 능력치를 갖고 태어났어요. 그래서 그런 시스템을 대기업 생산직 노동자들과 자영업자들까지 '오 그래야 되는구나'라고 믿게 만든 거죠. 이게 몸으로 일하는 것보다 훨씬 오래 가고 괜찮을 것 같다, 존경까지 받고. 그래서 모두 이 게임에 들어오게 되죠. 그런데 생각보다 판이 작아지면서 내 자식들한테 돌아가는 몫이 없고.

선생님 말씀대로 대기업 생산직들이 딱 보니까 아닌 거죠. 그래서 잽싸게 판을 깬 거예요. 이 사람들은 이것 말고도 먹고 살 길이 있거든요. 더구나 이 방법론이 원래 그들에게는 그다지 와 닿지 않는 방법론이기도 했고요. 그런데 4년제 대학을 나온 사무직 근로자와 전문직인 세칭 중산층은 아는 도둑질이 이거예요. 그러니까 이 판타지로부터 벗어나지 못하는 거예요. 마치 모태 신앙과도 같은 거죠. 아무리 기독교에 진력이 나도 '그래도 나는 신앙인으로서 살아갈 거야' 같은. 그런데 우리 집은 종교가 없었는데 친구 따라 교회 갔다가 10년 다녀 보니 교회에 신물이 나요. 그러면 금방 빠져나올 수 있거든요.

엄기호   바깥을 알지 못하는 것도 있고요. 그래서 대안학교 부모들 같은 경우에는 바깥의 게임을 하고 싶어 하기도 하죠. 요즘 대안학교에서 많은 문제점들이 불거져 나오고 있음에도 여전히 의미가 있는 것 중의 하나가, 그런 지식인들이 자식에게 "내가 소위 공부를 통해서 여기까지 와봤지만 정말 별것 아니더라" 하고 말하기도 하잖아요. 내가 어느 정도 재산을 물려줄 수 있으니까 그 돈을 발판으로 농부가 되든 목수가 되든, 조금 벌고 조금 쓰는 삶을 살아라, 이건 굉장히 훌륭한 선택이라고 생각해요.

그런 사람들을 제외하고는 바깥을 알지 못하는 거예요. 여기서 나가면 정말 죽는다고 생각하는 거예요. 가장 절박한 사람들이죠. 그 속에서 자신들도 죽고 아이들도 망가지는, 누구도 승자가 아닌 그런 형태에서 혐오만 생기는 거예요. '왜 자꾸만 저들이 이 판으로 들어오려고 하지? 공정하지 않아!'

아랍 왕자만 이길 수 있는 판

하지현   카지노에서 결국 돈을 따는 사람은 누구인 줄 아세요? 프로 갬블러? 딜러? 아니죠, 아랍 왕자예요. 아랍 왕자가 결국 돈을 쓸어 간다고 해요. 판돈이 무한인 사람들.

어떻게 보면 중산층 동네에 사는 사람들은 짤짤이 판돈을 갖고 들어와서 열심히 카드를 배우는 사람들이에요. 그래서 누구랑 붙나요? 이미 공고한 카르텔을 만든, 저 위의 대기업 오너 집안이라든지 빌딩 열 개 가진 사람, 한 달에 천만 원, 이천만 원 쓰는 게 조금의 데미지도 아닌 사람들과 붙는 거예요. 그런 사람들이 지난 몇십 년에 걸쳐 몇만 명이 생겼단 말이죠. 한 등급 높은 대학교에 보내기 위해서 대치동에서 마지막 1년 동안 1억 썼어, 이런 게 전혀 이상하지 않은, 조금의 데미지도 없는 사람들이 예전에는 열 명이었다면 지금은 이를테면 몇 천 명 그룹이 된 거죠. 결국 평범한 중산층의 일부는 금방 올인이 되거든요. 대부분은 겨우겨우 버티고. 이런 싸움에 너도 나도 들어가고 있단 말이죠. '그랬더니 잘되더라'라는 신화만 믿고.

엄기호 이들이 강남 대치동을 중심으로 해서 계속 판돈을 올리고 있어요. 진입 장벽을 계속 높이는 거죠. 사교육은 결국 판돈을 올리는 게임이에요.

하지현 요즘에는 아파트 한 채쯤 날려도 된다고 당당하게 이야기하죠.

엄기호 판돈이 되는 사람들은 그렇게 해도 되죠. 아랍 왕자면 뭐가 문제겠어요? 그게 대수겠어요? 그런데 가진 것이라고는 아파트 한 채인 사람이 그렇게 한다, 이건 비극이죠.

그리고 또 하나 비극적인 것은 가령 그렇게 해서 자식을 서울대 법대에 어떻게든 보냈어요. 그런데 보내놓고 나면 걔는 거기 들어가서 신빈곤층이 돼요. 이게 가장 큰 문제점이에요. 그나마 서울 출신이면 괜찮아요. 지방에서 서울 보내놓으면 한 달에 최소 70만원은 들어요. 방세 내고 교통비랑 핸드폰비 내면 끝나요. 밥도 못 먹어요. 부지불식간에 자기 자식을 신빈곤층으로 만든 거예요. 부모님이 아파트 팔아가지고 사교육 시켜줬으니 부자인 줄 알고 살다가, 대학 와서 자기가 신빈곤층이 되었음을 절감할 때, 이것보다 더 비참한 것이 있을까요? 그 공부 잘하고 똑똑하고 잘난 학생들이 대학에 와서, 물론 분해서 더 공부하는 학생들도 있지만, 그런 학생들 말고 완전히 무기력해지는 학생들이 있어요. 가난에 대해서 조금의 면역 체계도 없는 학생들이 완전히 멘붕이 되는 거죠.

하지현　의전원은 이런 경우도 있어요. 의전원 공부가 엄청 빡세거든요. 그런데 애들이 돈이 없으니까 알바를 한단 말예요. 그러니까 공부를 할 시간이 없어요. 성적이 안 나오죠. 장학금도 못 받아요. 성적이 안 나오니 인정을 못 받아요. 악순환이에요 이게.

엄기호　호주랑 캐나다에는 '학생 빈곤student poverty'이라는 개념이 있어요. 제가 『닥쳐라, 세계화!』에서 소개한 적도 있는데, 그게 서민들 이야기가 아니에요. 올인된 중산층 이야기라고 할 수 있죠. 물론 제가 가장 신경 쓰이고 가슴 아파하는 학생들은 무주공산이 된 아랫동네의 청소년들이지만, 이 동네 학생들도 정말 가슴이 아프죠.

하지현 한마디로 털린 아이들이 있는 거예요. 교육비 때문에 집안이 털렸어요. 아버지는 오십대 초중반이 되었는데, 직장은 그만뒀어요. 집안에서는 얘만 바라보고 있어요. 얘가 자리 잡을 때까지 4~5년을 버텨야 하는데 방법이 없는 거죠.

고학력 전문직 혹은 사무직 시장은 공부 등 준비 기간이 늘어나면서 진입 연령이 뒤로 가고 있어요. 그런데, 동시에 같은 사무직 부모의 은퇴 연령은 점점 앞당겨지고 있어요. 이 거시적 흐름이 지금 상황을 악화시키는 원인 중 하나예요. 전에는 아빠가 일찍 은퇴해도 큰애가 먼저 취직을 하면 됐고, 아이가 늦어지면 아빠가 버텨줄 수 있었는데 지금은 둘 다 불가능한 집안이 많아졌어요. 그러나 여전히 중간계급으로 공부로 성공해야겠다는 트랙에 대한 판타지는 건재하고요.

과거 세대에서는 이런 욕망이 문제가 되는 사람은 고시 공부를 장기간 하는 사람들이나 박사 학위 따고 시간강사를 오래 하는 사람들 정도에서만 볼 수 있었거든요. 그런데 지금은 이게 일반적 현상이 되고 있습니다. 거시적 사회구조의 변화가 개인에게 영향을 미치고 있어요. 그걸 이해하고 과감히 어느 선에서 아니다 싶으면 멈춰야 합니다. 추격매수를 그만두고 손절매다 싶더라도 털고 나와야 할 용기가 필요해요.

엄기호 의사나 변호사는 이러니저러니 해도 죽을 때까지 갈 수 있는데, 대기업 부장은 다 허깨비예요. 해고되면 끝이잖아요.

하지현 그러니 그 정도 갖다 박을 돈이 있다면 아껴야 한다는 거죠. 에너지 세이빙을 하자는 거예요. 자식에게 투자하기보다 나의 노년의 안정을 위해서 생산성이 최고조일 때 그 잉여 에너지를 자신에게 투자하거나, 소모하지 말고 저축을 해야 한다는 겁니다. 그게 돈이건, 삶의 에너지건 간에. 남은 시간이 생각보다 적을지도 모르거든요.

엄기호 제가 아는 친구 중에서는 그 돈으로 온 집안 식구가 1년 동안 세계 여행을 한 집이 있어요. 그렇게 하면 많은 사람들이 불안감에 묻죠. "그러고 난 다음에 먹고사는 건 어떻게 할 거냐", "직업은 어떻게 할 거냐". 이 불안을 잠재울 수 있는 건 두 가지죠. 하나는 내가 무슨 직업을 구하더라도 어떻게든 살아가기 위해서는 감수할 수 있는 지혜와 용기가 필요한 것이고, 또 하나는 제가 사회학자니까, 뭘 하든 굶어죽지 않는 시스템을 사회에서 만들어줘야 하는 거예요. 시민 수당이든 어떤 형태든지 간에요.

인풋 대비 아웃풋의
비참한 결과

하지현　제가 주변 사람들에게 아이들 공부에 돈을 쓰는 걸 멈추지 못하는 이유, 그 불안의 원인이 뭐냐고 물어보면, 대개 노후라고 말해요. 아이의 노후. 그런데 우리 사회의 경험으로 봤을 때 지금 이 직업이 20년 후에도 현재의 위상일 거라고 보장할 수 없어요. 그럼에도 지금 안정적이라고 생각되는 직업에 대한 열망이 있단 말이죠.

　이런 상황에서는 자식의 20년 후를 바라보는 그림을 바꿔야 해요. 자기를 중심으로 그림을 그려야 합니다. 먼저 자신의 삶의 안전판을 만들어야 해요. 은퇴 후 연금, 건강을 위한 대비 혹은 주거 생활의 안정과 같은 안전판을 만들어가려는 노력을 하고, 거기에 대해서는 자식 때문에 포기하거나 그 안전판을 깨서는 안 된다고 생각해요. 그게 삶의 우선순위에 올라야 합니다.

　공부에 소질이 없는 아이에 대해서는 과잉 투자를 하지 말자, 가능성이 고만고만한 아이에게 몰빵을 하는 우를 범하지 말자는 것이죠. 그 시간이 지나 아이가 스물두셋이 되어 뭔가를 하고 싶다고 할 때 그때 서포트할 수 있는 게 중요해요. 하고 싶은 게 없으면 "그냥 좀 있어 봐, 그 대신 이리저리 쑤시고 다녀봐"라고 말할 수 있는 여유가 필요해요. 쑤시고 다닌다는 게 곧 디투어링이죠. 그게 인생의 낭비는 아니다, 도리어

지금은 그게 필요하다, 그게 공부다, 라는 생각을 가져야 해요. 그러면 애들은 얘기하겠죠. "그런데 그게 아니면 어떡해요?" 제일 좋은 길, 절대 망하지 않을 길을 찾고 싶겠죠. 그런 길은 없어요.

부모고 아이고 리스크에 대한 두려움이 너무 커요. 그런데 그 두려움을 넘어서야 돼요. "이리로 한번 가봐. 그 대신 6개월은 해봐. 그럼 대충은 어떻게 돌아가는지 알게 돼. 그런데 그게 길이 아니라는 결론을 얻는다면 그동안 시간 낭비한 게 아니라 최소한 네 인생에서 이 길은 아니라는 것은 알게 되잖아." 이십대 초반에 얻어야 하는 것은 '하고 싶다'도 있지만, '해보니까 이건 아니다'인 것을 찾는 것도 굉장히 중요한 것 같아요. 바리스타? 그거 해보니까 장난 아니야, 지루해. 나는 돌아다니는 게 좋아, 뭘 팔러 다녀볼까? 이렇게 생각이 왔다 갔다 할 수 있어야 하거든요.

저는 상담실에 찾아온 친구들에게 이렇게 얘기해요. "네가 가만히 앉아서 게임하고 엎어져 자도 6개월은 후딱 갔을 텐데, 그래도 커피가 뭔지 조금은 알게 됐고 너하고 바리스타가 정말 안 맞는다는 것을 알게 됐으니까 정말 많은 것을 얻은 거다."

서른 넘어도 마찬가지예요. 예를 들어 자전거를 너무 좋아하니까 좋아하는 것이 돈벌이가 되면 좋겠다고 생각해요. 그런 생각 때문에 머릿속이 계속 간질간질해요. 그런데 막상 부딪쳐보니 손재주가 너무 없다는 걸 알게 돼요. 그러면 나는 자전거 샵은 못하겠구나, 하고 다른 길을 찾아볼 수 있게 되죠. 계속 머릿속에만 남겨두면 그 선택지가 끝까지 같이 가거든요. 그렇다면 굉장히 낭비죠.

엄기호 중산층에서 가장 중요한 문제는 부모가 손을 떼는 거예요. 앞에서 여러 번 얘기했듯이 이제는 자신의 라이프스타일을 만드는 게 중요한데, 자신의 라이프스타일을 만든다는 것은 결국 자기 부모처럼 살지 않는 것이거든요. 결혼을 할 수도 있고 안 할 수도 있고 아이를 낳을 수도 있고 안 낳을 수도 있고 이러저러하게 말이죠. 그런데 우리나라는 라이프스타일을 조정하는 것이 부모에 의해서 완전히 가로막혀 있죠.

하지현 신용불량자가 되거나 범죄의 세계에 들어서지만 않게끔 하는 최소한의 케어. 정말 간절하게 아이가 원하는 게 있을 때 한 번 정도 밀어주는 것. 그게 부모가 해줄 수 있는 정도죠. 자기가 원하는 그림을 그리기 위해서 여섯 살 때부터 차곡차곡 줄을 좍 그어놓고 그 길대로 가게 하도록 투자하는 것은 미친 짓이에요. 그러지 말자는 거죠.

그 길은 참으로 고되고 힘든 길이에요. 영어유치원부터 시작해서 사립초등학교, 국제중학교, 특목고로 이어지는 고난의 12년을 한눈팔지 말고 꾸준하게 살아남아야 합니다. 초등학교 고학년쯤 되면 토익이 9백 점은 나오고, 국제중학교에 들어가서도 특목고를 바라보면서 하루 종일 공부만 합니다.

학비도 비싸지만 그 아이들에게 맞춰진 사교육비도 무시무시하죠. 보통 월급쟁이에게는 숨이 턱 막히는 단위를 이미 중학교 때부터 써야 하는 시장이 있어요.

물론 확률적으로 그런 공부를 하지 않은 아이들에 비해서 좋은 대학에 들어갈 가능성이 높죠. 그건 마치 어릴 때부터 선수로 훈련을 받은 야구 선수가 프로구단에 스카우트가 될 확률이 높고, 아무리 재능이 있고 야구를 좋아하는 사람이라고 해도 선수 출신을 당하기 어려운 것과 비슷한 게 아닌가 싶어요. 이러니 개천에서 용은 이제 나오지 않는다고 하는 겁니다. 굉장히 많은 통계들과 사례들로 볼 때 그렇게 성공해도 문제고, 거기에서 떨어져 나간 사람들은 정말 인생이 괴로워지는 거죠.

엄기호　정의롭지도 않고 합리적이지도 않죠. 교육 중독만 지속시키면서 교육을 더 특권화시켜서 교육의 이름으로 혐오와 차별을 더 체계적으로 양산하고 사회를 더 지옥으로 만들어버리는 결과밖에 없죠. 이렇게 되면 모두가 억울해집니다. 공부를 한 사람도 공부를 안 한 사람도 다 억울해요. 아무도 승자가 없어요. 아랍 왕자 빼고는요. 금수저 한두 명을 빼고는 나머지는 다 패자가 돼요.

제 친구인 의사가 사교육비 때문에 허리가 휠 지경이라고 하는데, 그 친구 말이 특별하게 많이 시키는 것도 아니라고 해요. 한국에서 의사가 앓는 소리를 할 정도의 압력이라면 사실 게임 끝난 거거든요. 대기업 부장인 친구가 앓는 소리를 하는 것은 이해가 돼요. 왜냐하면 그 친구는 미래가 부옇거든요. 그 다음은 임원이 되든가 잘리든가 둘 중 하나예요. 그런데 변호사, 의사 친구를 만나면 비정규직인 제가 그들을 위로하고 있어요. 얘기 들어보면 너무 **빡빡한** 거예요. 나가는 돈도 너무 많고요.

하지현　우리나라 사람들의 3퍼센트에서 5퍼센트에 드는 수입일 텐데, 이들이 허덕허덕한다는 것은….

엄기호　강남 대치동에 사는 제 친구는 그곳을 늪이라고 표현해요. 안 시키려야 안 시킬 수가 없대요.

하지현　제가 이런 얘기를 강연에서 하면 나오는 특징적인 피드백이 있습니다. "다 맞는 말이다. 그러나 사회 시스템이 변하지 않는 한 결국 손해를 보게 되는 것은 나 개인이 아니겠는가? 그러니 이 말은 맞으면서도 현실에 맞지 않는 허황된 얘기로 들린다"라는 것입니다. 사교육 안 시키고 그래서 좋은 대학 못 가고 그래서 취업이 안 되면 사회에서 '듣보잡' 취급 받으면서 살 텐데 어떡하느냐는 거죠. 저는 그래서 더욱더 이 부분에 대한 새로운 공감대와 행동을 해낼 개인이 늘어나야 한다고 보는 거예요.

　공부에 중독된 사람들이 많은 상태에는 그 어떤 시스템적 변화를 주더라도 결국 또 그 안에서 공부를 중심으로 줄세우기가 만들어질 겁니다. 서울대를 없애고 전국의 국립대학교를 모두 서울대로 바꿔야 한다는 교육 전문가들의 대책도 저는 조금 당황스럽고, 무엇보다 또 다른 판타지 같았어요. 그러면 분명히 그 안에서 다시 줄세우기와 편가르기가 만들어질 겁니다. 우리가 지금까지 말한 대로 공부를 중심으로 한 암묵지가 그대로 작동하고 있는 동안은 백약이 소용이 없을 테니까요. 그래서, 한 명씩 한 명씩이라도 개인의 선택의 변화가 이어지고, 그 수가 어느 순간 무시할 수 없는 수가 된 다음에는 결국 상식의 전환이라는 거대한 위상 전위를 맞이할 수 있을 거라고 믿어요.

다행히 분위기는 무르익었다고 봐요. 중산층이 어려워지면서 더 이상 이 게임에 넣을 판돈이 모자란다는 현실과, 인풋 대비 아웃풋이 턱없이 맞지 않을 정도로 인풋 요구량이 현실적으로 감당할 수준을 넘어섰고, 아웃풋마저 매우 미비한 확률 게임이 되어버렸다는 점에서요. 그래서 이 게임 내지는 이 게임을 바라보는 인식 자체가 잘못되었고 여기서 벗어나야 살 수 있겠다는 인식의 대전환이 일어날 그날이 꽤 가까이 다가와 있다고 봅니다.

중독에서 소외된 학생들의
또 다른 고통

엄기호　지금까지 선생님과 중산층에 집중해서 공부 디톡스에 관해 얘기한 것 같아요. 어쨌든 이들은 자식들에게 지원 가능한 자원을 갖고 있는 계층이죠. 단순하게 말해서 그런 계층은 손을 떼면 됩니다. 그렇다면 중산층 밑의 학생들은 어떻게 해야 할 것인가에 대해서 이야기해보면 좋겠어요. 이 학생들도 중독의 폐해를 고스란히 입고 있거든요. 이중 삼중의 고통을 받고 있죠.

공부의 가장 큰, 중요한 목적이 다음 단계를 준비하는 거잖아요? 초등학교 공부라는 건 중학교를 가기 위해서 하는 거고, 중학교는 고등학교, 고등학교는 대학이죠. 그렇게 다음 단계를 준비하는 게 가능하다는 생각이 들어야 공부를 해요. 내가 공부를 하면 다음 단계가 보이고 그게 준비된다는 생각이 들어야 공부를 할 동력을 얻으니까요. 그다음을 준비하는 공부, 꽤 괜찮은 공부 아니겠어요? 그런데 문제는 뭐냐 하면, 그렇다면 공부를 집어치운 학생들은 뭘 해야 하는가? 어쨌든 이 학생들도 준비를 해야 하는 거잖아요? 그런데 그다음 단계가 안 보이니까, 거기에 맞춰서 준비할 공부라는 것이 없어요. 그러니까 뭘 시키느냐면, 그냥 그동안 하던 공부를 시키는 거예요. 그런데 학생들이 하려고 하나요.

제 누나가 지역아동센터 선생님이에요. 그런데 지금 많은 경우, 지역아동센터에서도 학생들 데려다놓고 공부만 시켜요. 공부 시키는 방식도 프로그램을 돌리는 방식으로 그렇게 하거든요. 그런데 이 공부에 목적이 없어요. 정확히 말하면 학생들한테 무슨 공부가 필요한가를 보고 공부를 시키는 게 아니라 이 학생들에게 뭔가를 해야 하는데 해줄 수 있는 게 공부 가르치는 것밖에 없는 거예요. 이것은 지역아동센터가 무능력해서가 아니라 이 학생들의 다음 단계에 대해서 아는 사람들이 아무도 없기 때문이에요. 다음 단계가 보여야 거기에 맞는 것을 해줄 수가 있는데, 이를테면 직업학교를 간다, 직업학교를 가기 위해서는 이러저러한 것을 공부하자, 이렇게 되어야 하는데 이 학생들에게 다음 단계가 없는 거예요. 사실 다문화가정, 결손가정의 학생들이 많이 있는 지역아동센터의 가장 큰 기능은 학생들에게 밥을 주는 거예요. 물론 이것도 훌륭한 역할이죠. 하지만 이것만으로는 부족하다는 겁니다.

하지현 완전히 새로운 영역의 공부가 필요해요. 학교에서 가르치는 교과가 아니라 '뭔가를 알고 싶다'라는 욕구로부터 시작하는 새로운 공부.

이 친구들에게 이전까지의 공부는 불쾌한 기억이거든요. 나를 좌절시키는 기억들. 그래서 공부 자체가 싫어. 이런 친구들은 그래서 나이 들어 뭔가 배우고 싶어도 그런 시스템 안에 들어가는 것을 꺼리게 돼요. 그래서 동호회 활동을 엄청나게 열심히 하게 되는 것 같기도 해요.

소규모 자영업을 하거 있거나 생산직에 종사하면서 어느 정도 먹고사는 문제가 해결되어 있고 삶의 에너지는 많은 분들, 이런 분들이 온라인 동호회에서 열심히 활동하고 활발하게 글도 올리는 모습들을 봐요. 글의 수준이 상당해요. 그런데 온라인상의 이런 동호회는 엄밀하게 봤을 때 어디까지나 취미의 영역에 속하죠. 삶에 있어서 실존적 부분, 가치관이나 정체성의 문제로 접근을 할 때에는 약간 다른 부분이 필요할 수 있어요.

동호회라는 게 대부분 취미 활동이라 그것이 '나라는 사람'의 중심 정체성, 일을 하는 나, 사회속의 나의 1번으로 삼기에는 모자란 경우가 많아요. 낚시에 정통한 누구누구입니다, 라고 하긴 좀 그렇죠. 실제로 이분들은 시스템 안으로 들어가는 것은, 그건 내 영역이 아니다, 이렇게 생각하는 것 같아요. 그런 면에서는 이분들이 자기가 일하는 삶의 영역에서도 자신감을 가지고 열심히 활동하고, 자기주장과 표현을 할 수 있는 장이 열렸으면 좋겠다, 그런 생각을 합니다. 그저 돈을 버는 밥벌이가 아니라 그 안에서 존재감을 충분히 느낄 수 있었으면 해요. 그게 대학을 나와야 하는 일이거나, 전문직이 아니라고 해도 말입니다.

엄기호 선생님 말씀대로 학교에서 상위 5~10퍼센트, 많이 봐야 20퍼센트를 제외한 나머지 학생들은 공부에서 경험하게 되는 것이 좌절이에요. 이 좌절을 통해서 뭘 잃어버리느냐면,

앎에 대한 호기심을 잃어버려요. '아는 게 참 재미있는 것이다'라는 걸 잃어버리죠.

앎의 핵심은 모르는 것을 만났을 때 호기심이 발동해야 하는 것이거든요. 그런데 모르는 것을 만나면 두렵기만 하고 짜증이 나는 거예요. 예전에는 학교라는 곳이 취직을 하게 해주니까 참고 견뎠다면 이제는 그것마저도 안 되죠. 결국 앎이라는 것의 가치와 의미 같은 것이 없어지게 되죠. "나는 헤어디자이너가 될 건데 나한테 「관동별곡」이 웬 말입니까? 미분 적분이 웬 말입니까?" 이런 말은 굉장히 슬픈 말이에요. 나는 좀 더 실용적인 공부를 바란다, 라는 능동적인 의미도 있겠지만 한편으로는 앎이라는 게 가져다주는 짜릿함, 기쁨, 쾌감은 아무래도 좋다는 거죠.

사실 대안학교가 그래서 만들어졌어요. 대안학교가 학생들을 자유롭게 뛰놀게 하자는 것도 있겠지만, 무엇보다 앎에 대한 호기심을 회복하자는 것이거든요. 시험 문제를 틀렸다면, 나는 틀린 존재가 아니라 모르는 게 있는 존재인 거고, 모르는 것을 발견하면 알고 싶은 욕망이 발동하게끔 해줘야 하는 건데, 그것을 못했던 거죠.

많은 청소년들이 하는 말이, 선생님은 정말 많이 겪으실 텐데, 첫마디가 "못해요" 아니면 "몰라요, 할 줄 아는 거 없어요" 계속 이런 말만 반복해요. 그러니 교사도 그렇고 부모도 그렇고 학생들이 무기력하다고 이야기하죠. 선생님은 어떻게 생각하시는지, 조금 있다 선생님이 만나는 학생들 이야기

를 좀 더 들어봤으면 좋겠는데, 제가 볼 때는 무기력해서 무기력한 게 아니라 그렇게 대답하는 식으로 세팅이 되어 있는 것 같아요. 그 질문에는 그 대답만 가능하도록 말이죠.

다시 지역아동센터 이야기를 하자면 밥 먹여주는 것은 굉장히 훌륭한 일이고, 잘해야 하는 일이고, 그것만 잘해주어도 어디냐, 생각은 하지만 이 공간의 굉장히 중요한 역할이 앎에 대한 호기심을 자극해주는 것이라고 생각해요.

하지현　제가 만나는 아이들한테 "하고 싶은 게 뭐니?" 물어보면 "없어요"라고 얘기하는데, 이렇게 대답하는 아이들이 갖는 나름의 이유가 몇 가지 있는 것 같아요. 우선 진짜 없는 애들이 있어요. 두 번째는 '내가 이런 얘기를 하면 엄마가 나한테 웃기지 말라고 할 거야'라고 생각해서 없다고 하는 애들이 있어요. '록스타가 될 거야', '만화 가게 주인이 돼야지' 이런 생각을 하고 있다면, 엄마 입장에서는 바람직한 정답이 아닐 테니까, 혼날 게 뻔하니까 "없어요"가 가장 좋은 방어예요.

공부라는 것, 알고 싶다는 욕망을 갖는 데에는 동기가 필요하거든요. 동기는 크게 세 가지라고 생각해요. 하나는 절박감이에요. '이거 모르면 나 죽어', '어떻게든 알아내야 해' 이런 것이죠. 두 번째는 경쟁심이에요. '쟤보다는 나았으면 좋겠어' 하는 욕구. 세 번째는 '그냥 하고 싶어', '알고 싶어' 이런 이상적인 목표가 있는 거예요. 저는 이 세 가지가 인간을 움직이는 추동력이라고 생각해요. 그런데 문제는 이 세 가지가 전부

다 없는 친구들이 있어요. 공부에 대한 흥미가 전혀 없는 아이들의 특징이 '안 한다고 큰일 나지 않아', 즉 절박감이 없어요. 어차피 굶지는 않거든요. 또 하나, 공부 잘하는 아이들의 대부분은요, '분한' 아이들이에요. 하나 틀리면 질질 짜요. 아니면 자기가 누구보다 못하면 화내요. 공부에 관심 없는 애들은 그런 게 없는 거예요. 그래서 제가 이런 친구들에게서 찾아야 하는 건 세 번째예요. "너 하고 싶은 게 뭐니?" 끝없이 물어봐요. 그리고 그것을 중심으로 역산하거든요. "그걸 위해서 우리는 뭘 해야 할까?" 제가 상담하는 것이 주로 그런 거죠. "저는 애니메이션이 좋아요" 그러면 "그걸 위해서 뭘 할까?" 의논을 해요.

공부라는 것은 결국 방법론을 익히게 해주는 것이 중요하죠. 공부는 'A'에서 'Z'까지 한 번 하고 나면 'ㄱ'에서 'ㅎ'까지 할 수 있다는 것을 익히는 거잖아요. 그게 지능이 만들어지는 과정이고요. 그런데 애들은 '공부'라고 하면 바로 질려버린 경험 때문에 '나는 못하는 것'이라고 생각해서 아예 시작조차 못하든지 아니면 사다리를 다 놔달라고 해요. 안 보이는 부분들이 있는 것을 못 견디는 거죠. 그게 안 보이면 화를 내고 포기를 해버리죠.

공부의 정의 자체가 벽에 부딪쳐보면서 원하는 것을 얻기 위해 모색해나가는 과정을 익히는 거예요. 그게 중요한 이유는 'A'라는 상황을 겪고 나서 'B'라는 상황이 왔을 때 'A'라는 상황에서 얻은 경험치 중의 70퍼센트 정도는 'B'상황에서

써먹을 수 있기 때문에, 20~30퍼센트만 새로 배우면 바로 수
월하게 그 일을 해나갈 수 있는 적응 능력이 만들어지니까요.
즉, 공부라는 것은 자기만족을 위해서 하는 것이 아니라 세상
을 살아가는 데 있어서 적응력을 향상시켜주기 위한 방법론
을 익히는 것이죠.

삶의 테크네,
 진정한 공부란 무엇인가?

엄기호　'삶의 테크네'라고 보통 이야기를 하는데요, 살아가
는 기술, 기예技藝. 살아가는 기예라고 하는 것은 두 가지로 나
뉜다고 봐요. 체계적으로 공부를 해서 터득되는 것과 삶의 과
정 속에서 터득되는 것. 그런데 삶의 과정 속에서 터득되는
것, 가령 어떻게 전화하고, 어떻게 만나고, 그래서 어떻게 관
계를 이어가고, 이런 것들은 계층에 상관없이 공부로 되는 것
이 아니고, 공부로 해결하려고 한다는 것 자체가 넌센스죠. 바
람직하지 않죠.

　그런데 문제는 살아가는 중에서 터득해야 하는 이 과정을
우리가 굉장히 위험시한다는 거예요. 사람이 섞여서 치고 박
고 하는 것, 이것을 다 폭력의 과정, 위험한 것으로 바라보기
때문에 주변의 환경을 마치 무균실처럼 만들려고 하는 경향

이 있어요. 위험은 늘 발생할 수밖에 없는 것인데 이런 부분을 과도하게 위험한 것으로 만들려고 하죠. 앞에서 이야기한 것처럼 이런 것들을 다 공부의 영역으로 만들려고 하고 있는 거예요.

그런데 이런 것 말고 체계적으로 배워서 터득되는 삶의 테크네라는 것은 명백하게 직업과 연관이 되는 것이고 이것은 공부로 얻어야 하는 것이죠. 그런데 지금까지는 이 모든 것을 대학이라는 바스켓 안에 모조리 던져 넣고 그때부터 기술을 배우든 직업을 준비하든 시작하고 그 이전에는 그것을 준비하기 위한 준비로 만들어놓았어요. 그러다 보니 대학에 뜻이 없는 학생들의 경우에는 학교가 완전히 의미를 잃었다는 것입니다. 이들을 위해 학교가 할 수 있는 일은 학생들을 위탁교육을 보내는 거예요. 어차피 대학을 안 갈 거니까 직업교육을 보내는 거죠. 이 선생님이 가르칠 수 있는 것은 입시 준비하는 것밖에 없거든요. 인문계 고등학교의 설립 목적이 입시를 준비하는 거잖아요? 그런데 여기 들어와 있는 학생들은 입시를 준비하는 것이 아무 짝에도 쓸모가 없는 학생들이에요. 그러니 학교에서 학생들과 선생님이 서로 눈 껌벅껌벅하면서 굉장히 어색해하는 상황이 연출되는 거죠. 공부의 의미부터 과정, 이 모든 것을 싹 뜯어고쳐야 해요.

하지현 엄 선생님 말씀을 들으면서 '그렇다면 공부를 잘한다는 것은 뭘까'에 대해서 생각해봤어요. 첫 번째는 핵심, 맥락을 잘 잡아내는 거죠. 둘째는 짧은 시간에 효율적으로 많은 정보를 자기 것으로 만드는 것, 셋째가 진짜 공부를 잘하는 것일 텐데, 이치를 깨닫는 것이죠. 큰 흐름 안에서 이게 뭘 의미하고 있고, 어디에 자리하고 있는가, 나아가서는 나하고 어떤 관계가 있는가까지 생각할 수 있는 것이겠죠.

지금 우리 아이들에게 주어지는 공부는 둘째가 90퍼센트에요. 성적이 아주 잘 나오는 아이는 첫째 덕목인 맥락을 잘 잡아내서 요령이 좋죠. 정작 중요한 것은 셋째인데 거기에까지 마음이 미칠 여유가 없어요. 또 그럴 필요도 느끼지 못하고 있다는 게 비극입니다. 저는 순서로 볼 때 셋째를 목표로 하면서 첫째를 중심으로 흐름을 잡고, 그리고 둘째는 필요에 의해서 노력하면 되는 게 아닌가 싶어요. 그래야 진짜 공부가 되고, 쓸데없는, 독이 되는 공부를 줄일 수 있어요. 그냥 외우는 정보는 휘발성이 정말 강해서 금방 없어져버리죠. 내 것이 되지 못한 채 노폐물처럼 쌓여서 진짜 내 것을 만들어낼 여유를 갖지 못하게 합니다. 공부를 위한 공부, 생존의 성공률을 높이기 위한, 성취를 위한 공부에만 집중하면서 그것을 위한 무의미한 경쟁에 빠져 있기 때문에 쳇바퀴를 돌고 있죠. 그렇다면 공부 디톡스의 첫 시작은 '공부란 도대체 무엇일까?'라는 근본적인 물음을 되짚어보는 게 아닌가 싶어요.

다시 프레임을 말씀드리면, 지능의 영역이란 낯선 상황에 잘 적응하기 위해 지금 이곳이 굴러가는 보이지 않는 이치를 깨달아가는 과정이거든요. 그 이치를 잘 깨달아서 나를 변화

시키거나 환경을 변화시킬 수 있는 능력을 쌓는 것이 핵심이죠. 공부라는 것은 그 지능이 실제 내 삶에서 실행 능력을 높여줄 수 있도록 도와주는 백데이터들을 모으는 것이고요. 그리고 그것들이 모여서 인포메이션이라는 정보체가 만들어지고 이것이 하나의 정보의 체계적 묶음, 시스템으로 만들어지면 그걸 지식이라고 하죠. 그런데 이런 지식을 통해서 여러 영역에서 비슷한 맥락들을 공부하다 보면 여러 군데에 다 통용되는 하나의 정수를 찾아내게 돼요. 그럼 우리는 지혜를 갖게 되었다고 하죠.

공부 과정의 끝은 사실 지혜를 얻는 거라고 생각해요. 지금 공부를 질리게 하는 것은 데이터와 인포메이션을 무한 반복해서 우겨 넣기만 하기 때문이에요. 지식을 만들어내는 과정보다 주어진 지식의 틀을 던져준 다음에 데이터와 인포메이션을 얼마나 잘 우겨 넣어서 잘 활용하는가의 속도 경쟁을 하고 있기 때문이거든요. 지혜라는 것을 찾아낼 겨를도 없이 질려버리게 만드는 것이 지금까지의 공부였어요. 그렇다면 우리가 질려버린 이 친구들한테 공부라는 것이 알고 보면 재미있는 것이라는 걸 알려줘야 한다고 봐요. 그러려면 많이 아는 것보다 왜 알아야 하는지가 중요하고, 굉장히 다양한 방법으로 공부하는 것이 가능하다는 것을 알아야 하는 거죠. 런던에서 혼자 일주일을 머물 수 있었다면 같은 방법으로 로마에서 일주일을 보낼 수 있는 거잖아요? 어디 가서 어떤 정보를 얻어낼 것인가, 하는 방법 말이죠. 사실은 그게 공부라는 것을 알 수 있게 되면 좋겠어요.

엄기호   저는 선생님이 말씀하신 것을 이렇게 정리해볼 수
있을 것 같아요. 지식이라고 하는 것은 세계를 재조직화하는
것이겠죠. 나에게 입력된 이러저러한 파편적인 데이터들을
가지고 세계를 재조립해서 세계에 대한 인식상을 얻는 것이
죠. 그런데 요즘 학생들에게 공부는 세계에 대한 상을 얻는 과
정이 아니라 문제를 잘 푸는 거잖아요. '인식상? 그게 나하고
무슨 상관이란 말이냐' 이렇게 될 수밖에 없어요. 그러면 이
런 공부는 때려치워야 한다, 하는데 이런 공부 말고는 시킬 줄
아는 게 없으니까 학교 가도 그렇고, 지역아동센터 가도 그렇
고, 이런 공부만 시키고 있죠. 그러니까 학생들은 멍 때리고
있거나 짜증만 내고 있는 거잖아요. 이런 상황이라면 다른 공
부로 넘어가야 하는데 이때 '뭘 가르칠 것인가'보다 더 중요
한 게 '이 학생들이 어떻게 배우는가'라는 것을 알아야 해요.
　사실은 계급에 따라서 배우는 방법이 무척 다릅니다. 남자
와 여자가 다른 경험치로 인해 다르게 배우는 것처럼요. 제 짧
은 경험에 비춰봤을 때, 중산층 밑의 청소년들이 앎에 대해서
호기심을 가지고 '내가 배워야겠다'라고 의지를 불태우는 건
책을 통해서가 아니에요. 절대. 대부분은 자기가 존경할 만한
사람이 나타나야 그때부터 배워요. 그런데 이 청소년들 주변
에는 이들 얘기로는 고수가 없는 거예요. 따라다닐 만한 사람
을 만날 기회가 참 없는 거죠. 이 학생들을 공부로 이끄는 것

은 존경이에요. 존경이라는 것이 생겨야 그다음부터 따라 배우려는 생각이 드는데, 문제는 이들의 생활 공간에서 존경할 수 있는 사람, 경외감을 가질 만한 사람이 있느냐? 잘 없거든요. 이 학생들이 그런 사람을 많이 만날 수 있는 조우의 기회들을 풍요롭게 만들어줘야 해요. 지역아동센터가 그 역할을 해줘야 한다고 생각해요. 낭만적인 생각일지 모르지만, 그게 되면 그때부터 이 학생들에게서 배움이 시작된다고 저는 생각해요.

하지현 욕구를 찾아주자는 말씀이죠? 선생님은 이 아이들이 존경할 만한 대상을 만나볼 기회가 없었다고 얘기하시는 거고, 그것을 제 입장에서 이야기하자면 부모를 카피하려고 하는 노력, 동일시의 욕구를 불러일으키는 것이 필요하다고 말할 수 있을 것 같아요.

발달이란 기본적으로 '나도 저런 사람이 되고 싶다'는 동일시의 욕구로부터 시작하거든요. 어찌 보면 그것이 공부의 원형이죠. 따라 하기. 그런 부분에서 짚어보고 싶은 게 있어요. 공부에 대해 착각하시는 분들 중에 많은 분들이 문화센터나 시민 학교에서 엮는 강좌에 중독되어 있어요. 저는 그게 공부는 아니라고 생각하거든요.

엄기호 그렇죠. 그건 구경이죠.

하지현　은근히 많이 와서 들으세요. 그런데 저도 그런 곳에서 강의를 하다 보면 '이런 강좌들을 왜 듣지? 8주씩 매주 저녁 시간을 투자하면서까지?'라는 생각이 들 때가 있어요. 앞서 선생님도 이야기하신 엔터테이닝, 쇼를 본다는 느낌이랄까? '나라면 그 시간에 차라리 어떤 주제에 대해서 책을 보면서 찾아볼 텐데'라는 생각이 들어요. 물론 강좌를 통해서 얻는 게 분명히 있죠. 하지만 그런 강좌들을 너무 많이 들으면서 정작 자기 공부를 하는 기회를 갖지 못한다는 것이 문제인 것 같아요.

제가 강연을 하면서 좋은 것은, 강연을 함으로써 제가 알게 되는 것이 정말 많기 때문이거든요. 제가 알고 있는 것이 정리가 되는 경험이 좋아서 굉장히 적극적으로 강연을 하는 편이에요. 그런데 공부 중독에 빠진 사람들 중에는 내 공부를 한다는 미명 하에 다른 사람의 공부를 수동적으로 구경하는 경우가 많다는 거예요. 이게 또 하나의 공부 중독이에요. 하물며 깨어 있다고 생각하는 사람조차도.

이를테면 나는 더 이상 제도권 안의 공부는 하지 않겠다, 주체적으로 자기 공부를 하겠다는 사람들조차도 잘 짜인 커리큘럼에 유명 강사가 나와서 굉장히 잘 정리된 이야기를 해주는 것을 선호한단 말이죠. 그러면서 자기는 공부를 열심히 하고 있다고 생각을 해요. 그런데 우리가 지금까지 얘기한 바에 따르면 그건 공부가 아니죠. 공부는 공부겠지만, 그것이 만족스러운 공부라고 여기면 안 되는 거죠. 사실은. 혼자서 괜찮은 책 찾아보고 나름대로 공부를 하다가 진짜 궁금한 게 있으면 그 분야의 고수를 찾아가서 물어보고 그러는 과정이 진짜 공부인데. 선생님하고 저하고 대담하는 것도 사실은 우리에게 공부죠.

엄기호 제도적인 과정 안에서 이루어지는 교육을 말한다면, 한국의 교육과정에서 대다수의 학생들은 남의 공부를 구경하는 거예요. 우리 어렸을 때 경험만 따져봐도 반 이상은 선생님이 가르치는 것을 구경하는 거였죠. 공부 잘하는 학생이 나와서 문제 풀면 "와 쟤 공부 진짜 잘한다" 구경하고요. 우리한테 공부는 곧 나보다 훨씬 더 공부를 많이 한 사람이 자기가 얼마나 많이 공부했나를 과시하는 걸 구경하는 것이고, 우리도 그것에 익숙해져 있습니다.

제가 연초에 아팠던 이유 중의 하나도 그거였다고 생각하는데, 저는 가르치고 배우는 것에 대한 집착이 굉장히 강한 편이에요. 가르치는 것을 통해서 배우고 배우는 것을 통해서 가르치고 하는 것을 좋아하고요. 학생들과 맺는 관계도 가르치고 배우는 관계라는 것에 확신이 있었고, 신나 있었고, 활력에 넘쳐 있었죠. 그랬는데 언제부터인가 '학생들이 나를 구경하고 있구나'라고 느끼니까 저 자신이 '똑똑한 원숭이'가 되는 느낌이었어요.

정확하게 표현하면 우리는 공부를 안 했어요. 남이 공부하는 거 구경한 거죠. 나이 들면서 계속 그러고 있는 것을 공부라고 생각하고 그런 공부에 중독이 되어왔다 보니까 중산층 학생들도 그렇고 그 밑의 학생들도 그렇고 삶의 테크네와 관련된 것은 오히려 공부로 안 보이게 되는 거죠.

하지현 그런 면에서 교육과 공부의 차이는 이런 것 같아요. 교육은 가르치는 것. 어떻게 하면 잘 가르치고 배우게 할 것인가. 즉 효율성이라는 말에서 벗어나기 어려워지는 것 같아요. 반면 공부라는 것은 나의 주관, 즉 1인칭 시점에서 보게 되는 것이라는 생각이 들어요.

이제 교육이란 말보다는 공부라는 단어를 의식적으로 써야 하지 않겠는가 싶습니다. 정말 내가 알고 싶은 것, 익히고 싶은 것을 공부하는 주체의 관점에서 배우기를 바라보는 것이죠. 그동안 공부는 교육의 관점에만 경도되어 있어서, 효율성, 성취, 완벽함, 경쟁이란 측면에서 볼 수밖에 없었던 것 같습니다. 그보다 지금까지 우리의 대담을 둘러보면 진짜 공부란 것은 내가 얻고자 하는 세상의 이치를 찾기 위한 주도적인 학습 활동이자 경험치를 얻기 위한 실천에 포커스를 둬야 하지 않을까 생각돼요.

엄기호 공부라는 말을 구제할 필요가 있어요. 왜냐하면 공부 중독의 대안 역시 공부거든요. 이렇게 되면 우리는 굉장히 자기 배신적인 이야기를 하는 셈이 되잖아요? 시스템적 교육에 중독되어 있을 뿐 우리는 공부를 해야 하죠. 교육에 중독되어 있다는 건, 누군가가 나를 가르쳐야 한다고 생각하고 그렇게 가르치는 걸 구경하고 있으면 공부라고 생각하는 것이었어요. 그 중독에서 벗어나야 한다는 것이죠.

하지현　그 둘을 갈라서 생각한다면, 교육에서 파생된 많은 유사 교육 시스템들이 모든 영역을 괴물같이 빨아들이고 있기 때문에 공부라는 굉장히 재미있고 설레고 즐거운 인간의 정신활동의 진수가 아주 재미없고 더럽고 불쾌한 감정적 기억으로 남게 된 것이 대한민국의 현실이라고 얘기할 수 있겠죠. 그래서 "너 공부 참 많이 했구나"라고 하는 말이 "왜 이렇게 쓸데없는 걸 많이 알지?"라는 뉘앙스를 풍기는 것처럼요. "저 사람 공부 참 많이 했네"라는 말이 궁극적으로 가방끈이 긴, 교육을 많이 받은 사람이 아니라 삶의 지혜가 많은 성숙한 사람을 뜻하는 세상이 됐으면 좋겠어요.

다시 대학의 문제로

하지현　지금까지 공부 디톡스에 대해서 이야기했는데, 실질적인 면, 어떻게 보면 공부 중독으로 얽혀 있는 모든 고리의 중심에 대한 이야기를 했으면 좋겠어요. 지금 현재 우리가 공부의 목표라고 하는 것의 문제점, 아마도 그건 현실적으로 대학이겠죠. 그걸 피해갈 수 없는 건 사실이에요.

좋은 대학교를 간다는 건 앞선 대담에서 많이 얘기했지만 여전히 성공 확률을 높여주는 길이긴 해요. 음악인이 돼서 성공할 확률보다는 훨씬 높죠. 열 명 중에 세 명은 먹고살 수 있게 해주는 구조니까. 그러나 지금 이미 많은 대학교가 구조 조정을 하고 있어요. 애들도 적게 낳고, 대학 진학률도 실제로 떨어지고 있잖아요. 하지만 그럼에도 불구하고 아파트 값에서 강남 불패 신화가 존재하듯이 10위권으로 들어가기 위한 3만 명 시장은 여전히 있겠죠. 하지만 문제는 쭉 이야기했지만 그 시장에 들어간 아이들이 잃은 게 너무 많기 때문에 사실 삶의 경쟁력은 도리어 떨어질 가능성이 높다는 거죠.

엄기호 그렇죠. 그런데 저는 대학 문제를 근본적으로 풀기 위해서는 다른 시각이 필요하다고 생각해요. 대학이 이렇게 문제임에도 불구하고 우리는 대학을 언제 가느냐에 대해서 제대로 된 질문을 한 번도 안 던져봤어요. 대학은 언제 가야 되는가라는 질문은 대학 가서 뭘 해야 하는가의 문제와 결합되어 있는 거잖아요?

하지현 그 지점에서 우선 우리나라 대학의 성격에 대해서 짚어봐야 할 것 같아요.

우리나라에서는 대학의 전통에 대한 논쟁이 많아요. 대학이 학문을 하는 곳이냐, 기업에 필요한 인재를 양성하는 곳이냐. 그런데 이러한 논쟁의 뿌리가 깊어요. 원래 '유니베르스타트Universität'는 크게 보면 하나는 일종의 고급 김나지움 같은 곳으로 체계적으로 표준화된 장인들을 만드는 기술학교고, 다른 하나는 『장미의 이름』에서 수도승들이 공부하는 곳처럼 세상의 원리를 공부하고, 돈 버는 거 신경 안 쓰고, 진리가 좋은 친구들이 가는 곳이에요. 하이델베르크 대학 같은 곳이죠. 그런데 두 개의 경향이 미국에 와서 섞여버려 종합대학이 만들어지면서 이상해졌죠. 그래도 미국은 여전히 남아 있는 게 '리버럴 아츠 칼리지liberal arts college'라고 있잖아요. 조그만 작은 인문대학 같은 곳이죠. 하버드도 처음에는 그렇게 시작했지만 종합대학이 되면서 변질되었죠.

그런데 그 시스템이 한국에 들어오면서 굉장히 이상하게 변한 거예요. 대학이 모조리 기업을 위해 존재하게 된 거죠. 그래서 인문대 교수들은 대학은 아카데미아가 돼야 한다고 주장하면서 우리가 왜 직업교육을 시켜야 하느냐고 반발하죠. 그런데 사실 이런 주장이 전적으로 옳은 건 아니에요. 왜냐하면 사회가 대학에 요구하는 건 직업교육기관으로서의 역할도 분명히 있는 것이거든요. 대학의 근본적인 정의에서 빠지는 게 아니죠. 대학에는 기술학교로서의 성격도 있으니까요. 다만 모든 학과가 이런 식으로 가는 게 문제일 뿐이에요. 이는 대학 교육을 나의 생존 가능성을 높여주는 기회로만 생각하기 때문이겠죠.

엄기호 그렇죠. 대학은 한편으로는 전문적인 기술을 가르치는 곳이기도 해요. 예를 들면 의대 같은 경우는 직업학교라고 볼 수 있죠. 고도의 전문화된 지식과 기술을 임상 현장에서의 반복된 훈련을 통해서 연마하는 기능을 하는 곳이잖아요. 그런 공간으로서의 대학이 필요하죠. 그리고 이런 대학은 언제 가야 하는가? 저는 이런 분야는 직업을 선택해야 하는 나이, 즉 고등학교를 마치고 가는 게 좋다고 생각해요. 그리고 또 한편으로 고도로 추상적이고 기호화된 체계로 만들어진 학문, 수학이 대표적이죠. 그것을 잘할 수 있는 학생은 좀 빨리 갈 수 있는 게 좋다고 생각해요. 그래야 자기를 위해서도 그렇고 사회를 위해서도 그렇고, 성과라고 해야 하나, 연구 업적을 남길 수가 있으니까요. 그런데 나머지 분야도 그럴 필요가 있느냐는 거죠.

저는 없다고 생각하는데 문제는 지금 한국 교육에서 대학은 고등학교를 마치고 가지 못하면 거의 진입하지 못하게 되어 있거든요. 로스쿨만 하더라도 대학을 폐지하고 로스쿨을 만든 이유가 다양한 경험을 가진 사람들이 법을 공부하고 실무에 뛰어들어야 광범위하게 인간을 이해하면서 행동할 수 있을 거라는 기대였는데, 신문기사에 따르면 작년 서울대, 연대, 고대 로스쿨 신입생 합격자 나이를 보면 153명 가운데 서른 살 이상이 8명밖에 없어요. 이건 로스쿨의 원래 취지와 완전히 역행하는 것이거든요. 이건 왜 그러느냐면 그동안 한국의 대학이 갖고 있었던 관성이 그대로 진행하기 때문이죠. 교수도 그렇고 선배도 그렇고 자기보다 나이 많은 사람이 들어와서 공부하는 게 부담스러운 거죠.

저는 대학이라는 공간은 우리가 지금까지 말해온 그런 공부를 하는 공간은 아니라고 생각해요. 넓게 보면 공부이기는 한데, 대학은 분명하게 연구하는 곳, 연구하는 방법을 배우는 곳이잖아요? 좀 전에 말한 몇몇 과와 몇몇 직업을 빼고는 인생의 어느 시점에 가도 상관이 없다고 생각해요. 칸트, 바우만, 혼자 공부할 수 있어요. 그러다 인생의 어느 시점에서 '아, 삶이라는 게 뭐지' 아니면 '내가 하는 것을 좀 더 전문적으로 연구해보고 싶다' 이럴 때 대학을 갈 수 있는 게 좋은 사회라고 생각해요. 그런데 지금 한국에서는 서른이 넘으면 갈 수 있는 데는 방통대밖에 없어요. 방통대는 이과가 거의 없어요. 정말 몇 개 없고 대부분 문과예요.

요즘 제가 생화학을 굉장히 공부하고 싶은데 공부할 데가 없어요. 사이버대학이랑 학점은행 몇 군데를 조합해서 들어야 하고, 수준 같은 것도 문제가 되고요. 이런 것처럼 한국의 대학은 공부라는 것 자체를 이해하는 방식도 굉장히 좁고, 그렇게 좁게 이해하다 보니까 공부를 특정 연령대에 하는 것이라고 제한해버리는 거죠.

하지현 그 부분은 원론적으로는 선생님 말씀이 맞아요. 그런데 현실적인 지점에서는 "그래서 넌 뭐 할 건데?"가 문제가 되거든요. "넌 이 공부를 해서 어떤 직업을 가질 거니?", "넌

뭘로 먹고살 거니?"에 봉착하게 되는 거죠.

예를 들면 '인문사회과학대학 대학원생이 멸종 위기에 있다', '마흔 몇 살이 돼도 시간 강사를 하면서 비정규직 인생을 살고 있다' 이런 얘기가 나오는 건 '공부가 더 이상 재미있지 않아서 괴로워요'가 아니라 '교수가 못 돼서 괴로워요'의 문제란 말이죠. 인문사회대에서의 공부의 목적이 교수일 수밖에 없는 구조, 이 부분은 문제를 떠나서 현실이라는 거예요.

교수직이 꼭대기인 피라미드 구조에서 많은 석박사가 필요하지만 더 이상 들어올 사람이 없는 다단계 판매의 끝물 같은 동네가 생겼다는 거죠. 계속 들어올 사람이 많은 다단계 판매일 때는 이 사다리에 석사, 박사, 외국 박사 해서 이 시스템을 계속 만들어갈 수 있었죠. 그런데 모든 국민이 다단계에 가입해 있을 때는 그 다단계는 망하게 돼 있거든요. 그것과 똑같은 일이 벌어지게 된 거죠. 경제 성장이 둔화돼서 더 이상 대학이 필요하지 않은 상황, 즉 대학의 교수직 자체가 풀이 작아진 거죠. 그 얘기는 뭐냐면 현재 한국 대학의 문제는 공부하는 곳이 아니라서가 아니라 공부로서 직업을 가져야 될 사람이 직업을 가질 수 없는 구조가 돼버렸다는 거죠. 그것을 인정해야 하는데 아무도 인정 못하는 거예요.

그래서 제가 정말 말하고 싶은 건, 우리 머릿속의 큰 프레임 하나는 대학에 무조건 가야 하는 거고, 대학에 가서 취업이 잘돼야 하는 거고, 취업이 잘돼서 높은 위치에 가는 거고, 높은 위치에 가게 되면 생애에 벌 수 있는 돈이 많아지고 인생이 안정적이다, 라고 말하는 그 고리가 더 이상 유효하기 어렵다는 것을 인정해야 된다는 거예요. 공부가 그 공부여서는 안 된다는 거죠. 지금 우리가 갖고 있는 이 프레임 안의 공부는.

이 미친 드라이브에
브레이크를

엄기호 교육의 기능 중의 하나가 계급을 재조정해주는 역할이에요. 한국에서 교육이 그동안 잘 굴러갔던 것이 그 역할을 충분히 했기 때문이죠. 신분 상승. 서구 같은 경우에는 고졸과 대졸의 임금 격차가 적기 때문에 대학을 꼭 가야 할 이유가 없어요. 그런데 대신 어떤 병폐가 있느냐면 계급이 굉장히 구조화되어 있는 사회라는 거죠. 한번 밑에 놓이면 기본적인 생활을 꽤 윤택하게 할 수 있을지는 몰라도 거기서 벗어나기는 어렵죠. 그런데 한국은 임금 격차가 큰 대신에 계급 구조를 조정해나가는 역할을 교육이 해왔고, 그 신화가 굉장히 강력한 나라였죠.

지금 문제는 한국은 이제 둘 다 안 되는 구조가 되고 있다는 거예요. 왜냐하면 아직까지 교육이 가장 싸고 효율적인 방법이기는 하지만 그럼에도 진입 비용이 너무 많이 들기 시작하면서 중산층 이하 서민들을 중심으로 조기 탈락하기 시작하는 거죠. 이렇게 되면 계급이 구조화돼요. 지금 학생들이 쓰는 표현들 중에서 '헬조선'이니 '흙수저'니 '금수저'니 하는 말 자체가 계급 구조화가 끝났다는 걸 반영하고 있다고 생각해요.

이 문제를 해결하는 가장 좋은 방법은 학력간 임금 격차를 획기적으로 줄이는 거예요. 대졸자와 고졸자 간의 임금 격차가 너무 큽니다. 이 경제적 격차가 사회적·문화적 격차로 이어지는 한 결코 이 문제는 해결되지 않아요. 두 번째로 이 임금 격차를 좁히는 것이 끝나면 특성화고등학교와 같은 직업 훈련 중심의 학교가 더 활성화되어야 할 거예요. 지금 한국은 첫 번째 조정 없이 두 번째만 하려고 하기 때문에 문제가 되는 거죠. 그리고 마지막으로 직업교육을 선택한 사람들이 공부에 대한 계기가 주어지면 인생의 어떤 순간에라도 대학에 진학할 수 있어야 한다는 것입니다. 즉, 대학을 안 가도 좋은 사회가 아니라 인생의 어느 때이건 공부하고 싶을 때 대학에 갈 수 있는 사회가 좋은 사회라는 거죠. 직업학교에서 기술을 배워서 그 기술로 평생 살아요. 그러다가 마흔이 되었더니 너무 궁금한 거예요, 내 손은 알고 있는데 내 머리는 모르는 게 있어요. 그럴 때 대학에 가는 거예요.

하지현 공부에 관심 없는 친구들이 인문대 가서 취업 준비할 게 아니라, 진즉에 마이스터고 가서 자기가 루저라는 느낌을 갖지 않고 살아가는 것, 저도 거기에는 동의해요.

주변에서 의사들이 많이 번다고 할 때 의사들이 볼멘소리를 하는 게, 자기들이 돈 벌기 시작하는 건 서른여섯 살 때부터라고 얘기하거든요. 의대 6년, 군대 4년, 펠로우 다 하고 겨우 돈 벌기 시작하면, 남들의 두 배를 번다고는 하지만 이미 남들이 10년 벌기 시작한 다음이에요. 적게 벌기 시작해서 오래 버는 것과 많이 벌지만 벌기 시작하는 시점이 늦어지는 것, 이런 건 복불복이라는 게 있는 거죠.

그런 측면에서 보면 물론 의사가 오래 일을 할 수 있고 독립적 전문직이지만 꼭 베스트 솔루션인 건 아닙니다. 그런 면에서 우리 사회에서 특히 중요한 것은 삶의 안전망이 구축돼 안심할 수 있게 하는 것이에요. 그게 최소 생활임금이 보장되는 것일 수도 있고, 주거, 의료, 출산과 육아와 관련한 기본 복지 체계의 사회적 지원이 있어서 나락으로 떨어지지는 않을 것이라는 믿음을 주는 것이 아닐까요? 그게 되어야 기를 써서 저 위로 올라가야만 안전할 것이라는 불안에서 벗어날 수 있을 것이고, 괜히 혼자 멋진 척 경쟁에 뛰어들지 않았다가 낙오돼서 나만 손해를 볼 것이라는 두려움을 갖지 않을 수 있을 거라고 봐요.

그게 주어져야 다양한 방식의 삶이 있을 수 있고, 그걸 추구해볼 수 있는 용기와 마음의 여유가 생길 겁니다. 그리고 한 명 두 명 그런 사람이 늘어나서 어느 수 이상이 되면 드디어 '굳이 저렇게 안 해도 되는구나'라는 실체를 주변에서 어렵지 않게 확인할 수 있고, 현재의 공부 시스템에서 벗어나서도 나름의 방식으로 잘 살아가게 된다는 것을 알 수 있게 될 겁니다. 그런 사례들이 늘어나면 우리 사회의 라이프스타일의 흐름이 역전될 수 있게 되리라 믿습니다. 그런 믿음 체계의 집단적 변화를 위한 노력 없이는, 시스템에 그 어떤 혁명적 변화를 준다고 해도 결국 공부 중독이라는 블랙홀이 다시 다 빨아들여서 기존의 경쟁, 효율, 줄세우기 형태로 재편해버릴 게 분명해요.

그런데 우리가 지난번에도 이야기했듯이 연기하는 친구들, 기타 치는 친구들까지도 공부라는 시스템의 상위 버전이 대학이라고 생각한다는 것이 문제인 거죠. 교수라는 타이틀을 선생이라는 직업 중에서 가장 상위 레벨로 여기는 것처럼요. 그런데 한국 사회에서 이런 계층적인 구조를 부정할 수는 없을 것 같아요. 현재 엄연히 존재한다는 겁니다. 다만 이런 게임이 더 이상 부질없다는 것을 우리가 인식했으면 좋겠다는 겁니다. '더 이상 투자 가치가 없다', '판돈이 정말 많지 않은 이상은 그 게임에 들어가지 마라'라는 얘기를 해야 한다는 거예요.

예를 들면 미국에서도 정말 좋은 아이비리그의 경영대나 의대를 들어가기 위해서는 공부에 엄청난 재능이 있는 친구가 아니라면 미친 듯이 사교육을 받고 들어가요. 그게 아니라면 집이 원래 엄청난 부자라서 학교에 빌딩 하나를 지어주고 들어간다든지요. 그런데도 우리는 이런 면에서 미국이 굉장히 공정하고 민주적인 사회라고 생각하죠. 영국 같은 경우에는 아예 고착화되어 있어요. 사는 동네도 다르고 쓰는 말도 다르고 평생을 그렇게 살죠. 부정할 수 없는 건 사회의 큰 흐름이 계급 이동성이 줄어들고 있다는 거죠.

엄기호 그런데 여기서 저는 짚고 넘어갈 문제가 있어요. 계급 이동성이 줄어들고 계급이 구조화되었을 때, 계급의 구조화가 반드시 경제적 격차를 의미하지는 않는다고 생각해요. 한국의 가장 큰 문제는 계급이 구조화가 되면서 동시에 경제적 격차도 구조화가 된다는 점이에요. 경제적 격차가 줄어드는 방식으로 또는 경제적 격차를 완충하는 방식, 이를테면 복지 제도잖아요, 그런 방식으로 계급의 구조화가 이루어지지 않고 있어요. 한국에서는 서구의 문제점과 비서구의 문제점이 동시에 터져 나오고 있는데, 이걸 해결할 의지가 별로 없어요. 정치권, 경제권 모두요.

이를테면 중산층 이하 서민들은 '공부하고 대학에 가 봤자 게임이 안 되니 가지 마라' 그래서 마이스터고에 간단 말이에요? 마이스터고에 들어가는 건 문제가 아니에요. 지금 실제로 마이스터고가 조금 안 좋은 일반계 고등학교보다 점수도 높고 선호도도 더 높은 현상이 일어나고 있어요. 문제는 마이스터고를 마치고 취직을 한 선배들이 학교 후배들에게 너희는 죽어도 대학에 가라고 말하고 있어요. 지금 일어나고 있는 문제점들이에요. 직업교육을 해야 한다고 해서 이것을 밑으로 내려 보냈는데, 사회 자체가 아직은 예전의 학벌 위주로 철저히 위계화되어 있고 그에 따른 경제적 보상이나 지위에서 차별이 그대로 남아 있는 거예요. 이들이 취업했다가 이런 일들을 겪고 후배들에게 '무조건 대학 가라, 대학 안 나오면 사람 취급 못 받는다' 이런 얘기를 하는 거예요.

하지현 어린 친구들은 그렇게 얘기할 수 있죠. 그리고 분명히 차별들이 있을 거라고 생각해요.

엄기호 그래서 제가 말씀드리고 싶은 건 교육 문제의 가장 핵심적인 문제는 교육으로 풀 수 있는 문제가 아니라는 거예요.

하지현 그렇죠. 그렇다고 지금 이 시점에서 사회 변혁을 얘기할 수도 없는 거고요. 제가 이 대담을 하는 이유도 투덜거리겠다고 하는 게 아니라 '이런 식의 방법은 해 봤자 소용이 없구나'라고 생각하는 사람들이 일정 정도 만들어지면 이 미친 드라이브에 브레이크가 걸릴 거라는 생각을 하기 때문이에요. 그로 인해서 낭비되는 사회적 자원들을 줄일 수 있는 거고요. 그렇게 돼야 과잉 투자한 상태에서 자리를 확보한 사람들이 과잉 보상 욕구를 갖지 않게 돼요.

9급이나 8급 공무원으로 있는 친구들은 자기는 8년 공부하고 들어왔는데, 대학 나오고 석사까지 했는데, 100 대 1로 들어왔는데, 이 친구들은 고등학교 졸업하고 들어왔단 말이에요? 나 같아도 이 친구들이 싫을 것 같아요. 내가 그렇게까지

해서 공무원이 되었다면요. 이를테면 9급 공무원으로 들어온 사람들의 직무 만족도가 떨어지는 것은 과잉 투자되었기 때문인 거잖아요. 그 일을 할 자리에 필요한 정도의 학습이 된 게 아니라 그 자리를 차지하기 위해서 너무 많은 준비로 너무 많은 시간을 보냈기 때문이죠.

엄기호　그렇죠. 무슨 말씀인지 알겠어요. 과잉 투자되면 본전 생각이 나서 그렇게 하지 않은 사람들에 대해서 배척을 하게 된다.

하지현　그렇죠. 그런데 서로 다 착한 사람들이거든요. 배척을 당해 대학을 꼭 나와야겠다고 느낀다고 해서, 정말 대학을 가야 되는 건 아니죠. 그런 식으로 이야기를 하면 모든 것이 도돌이표가 돼요.

엄기호　맞습니다. 저도 그런 식으로 악순환이 되고 있다는 말씀을 드리는 거예요. 그렇다면 이런 악순환이 종식이 되려면 선생님은 어떻게 되어야 한다고 생각하세요?

하지현　텐션을 떨어뜨려야죠. 세칭 뺑뺑이를 그만 돌자는 거죠. 우선, '교육에 과잉 투자하지 마라, 적정선으로 투자를 해라'. 그다음으로 '당신의 미래는 당신의 아이에게 투자해서 얻어지는 것이 아니라 당신 자신에게 투자해야 얻어지는 것이다'라고 이야기하고 싶어요.

이 책을 볼 사람들은 이제 아이를 낳을 사람들부터 아이들이 이십대인 사람들까지일 거예요. 그들에게 '제발 빛내서 아이를 가르치지 마라', '남들 다 하니까 애기 죽을까 봐 너무 많은 걸 가르치지 마라', '애가 스물다섯 살이 넘었는데, 계속 공부할 테니 뒷바라지 해주세요, 하면 절대 예스라고 하지 마라'라는 메시지를 보내고 싶어요. 우리가 이 모든 것을 하지 않을 수 없는 이유는 불안 때문이거든요. 그리고 나의 성공의 경험 때문에.

이 책을 읽는 사람들이라면 갖고 있을 성공의 메시지란 이런 거예요. '우리 부모는 가난했지만 나는 정말 열심히 공부해서 4년제 대학 나와 웬만큼 살고 있으니 우리 애들도 그 방법대로 살았으면 좋겠어' 또는 '밤에 대리기사를 하든 뇌물을 먹든, 내 삶의 신조를 버리는 한이 있더라도 내 아이 사교육비에 월 2백만 원을 쓰겠어.' 투자가 아니라 투기예요. 투기 논리가 아니라 현실적인 경제 논리로 합리적으로 생각하고 판단했으면 좋겠어요. 현실의 삶에서는 그렇게 잘하시는 분들이 공부 영역에서만은 그러지 못해서 안타까워요. 그럴 수밖에 없는 많은 사회적 요소가 있는 것은 인정해요. 그런데 이제 그 요인들이 너무 많이 변해서 그 방식은 더 이상 작동하지 않는다는 걸 알자는 겁니다.

저는 이들에게 말하고 싶어요. 제발 그 길을 가지 말라고 말이에요. 물론 그렇게까지 해줘야 할 아이들이 있어요. 달려

빚을 내서라도 공부를 뒷받침해줘야 하는 아이들은 분명히 있죠. 저소득층 아이들에 대해서와 마찬가지로 나라와 정부가 해줘야 하는 일이지만. 그런데 그 부분은 차치하고 이 책을 읽을 독자들이 자기의 경우를 중심으로 생각하는 것에 초점을 맞추고 싶다는 겁니다.

엄기호　우리는 왜 공부를 하는 걸까요? 공부는 성장하기 위해 하는 것입니다. 개인의 능력이 신장되는 것이건, 인격이 성숙하는 것이건 또는 시민으로서 성장하는 것이건 공부는 성장을 하기 위해 하는 것이죠. 그러나 지금 한국에서의 공부는 성장과는 점점 더 거리가 멀어지고 있어요. 성장과 아무 상관이 없는 공부를 공부라고 하고 있고 그걸 청소년들에게 강요하고 있습니다.

이런 점에서 저는 학생들이 "이걸 공부한다고 제가 뭔가가 될 수 있나요?"라고 하는 말을 단지 실용적인 질문으로 이해해서는 안 된다고 생각해요. 이 말을 직업을 구하고 경제적으로 성공하는 데 혹은 살아가는 데 직접적으로 도움이 되는지를 묻는 것을 훨씬 넘어서는 적극적인 질문으로 이해해야 합니다. 바로 '이걸 공부하는 것이 자신을 무엇으로 어떻게 성장시키는가'에 대한 질문이죠.

이 문제에 답을 해줄 수 없다는 것은 안타깝게도 한국 사회가 사람의 성장에 대해 '성공'을 제외하고는 아무런 답도 줄 수 없다는 것을 반증합니다. 바로 이 점에서 공부를 통해 '성공'할 가능성이 거의 없는 대다수의 학생들이 공부를 해야 한다는 당위에 대해 수긍을 하지 못하는 것이죠. 이들을 붙들어놓고 지금 '공부'를 시키는 것은 정말 무의미한데도 그저 맹목적으로 공부를 시키고만 있어요. 공부를 하는 자가 아니라 공부를 시키는 자가 공부 말고는 시킬 수 있는 게 없다 보니 그저 공부를 시키고 있는 것입니다. 시키는 자의 '공부 중독'이에요.

삶이 성장의 과정이라면 공부는 성장하는 삶을 위한 도구여야 합니다. 지금과 같은 공부는 삶을 식민화하는 도구일 뿐이에요. 이런 공부를 그만두자는 것입니다. 대신 공부의 자리를 원래대로 돌려놓아야 해요. 당대의 문제를 파악하고 헤쳐나가는 삶의 지혜, 기술을 익히는 과정으로서의 공부 말이에요. 청소년들만 문제가 있는 게 아니라 우리 어른들도 잘 모르고 있어요. 무능력하기는 어른들도 매한가지입니다. 공부라는 맥락에서 보면 어른과 청소년 모두가 처한 '동시대성'이겠죠.

바로 이런 점에서 무엇보다 중요한 것은 청소년들을 우리와 더불어 당대를 살아가고 있는 동시대인이라는 것을 인식하고 인정하는 것부터 시작되어야 할 것입니다. 그래야 동시대인으로서 이 난국의 시대를 헤쳐갈 삶의 기술을 배우는 성장의 도구로서의 공부를 해나갈 수 있을 거예요. 이것은 청소년들에게 필요한 만큼이나 어른들에게도, 어른들에게만큼이나 '아이'들에게도 필요합니다. 청소년들을 문제화하지 말아야 합니다. 공부와 관련한, 우리 모두를 문제화해야 합니다.

대담을 마치며

»

공부라는 블랙홀에서 탈주하기 위하여

하지현

추석 전에 개봉한 영화 〈사도〉가 이례적으로 장기 상영을 했다. 영조와 사도세자 사이의 갈등이라는 익숙한 소재를 사골국물 우리듯 다룬 내용인데도 말이다. 흥행의 한 요소로 교육열 강한 부모가 아이를 데리고 보러 간다는 얘기가 있다. 영조가 놀러만 다니는 세자에게 "이렇게 좋은 환경에서 너는 왜 공부를 안 하니!"라고 혼을 내는 것에 감정이입을 한 부모들이 '아버지의 뜻을 거스르고 공부를 게을리한 나머지 결국 뒤주에 갇혀 죽었다'는 교훈을 주기 위해서라는 것이다.

이런 일은 처음이 아니다. 다른 영화 〈위플래쉬〉는 재즈 드러머를 꿈꾸는 음악학교 신입생 앤드류가 최고의 실력자이자 폭군인 플레처 교수에게 당하는 이야기다. 플레처 교수는 앤드류를 영혼이 부서지도록 끝까지 몰아붙인다. 교수에겐 1천 명의 평범한 수재보다 단 한 명의 '별이 될 제자'가 필요했다.

마지막 피날레, 플레처 교수의 계략에 빠져 망신을 당할 위기에 앤드류의 포텐셜이 개화를 하며 그는 최고의 연주를 해낸다. 한계를 넘어선 것이다. 이 영화를 본 많은 부모들이 "역시 무서운 선생님이 최고야. 애들은 조져야 정신을 차리는 법이지"라는 메시지로 해석하고 널리 추천을 한 덕분에 인디영화 치고는 상당한 흥행을 했다는 얘기를 들었다.

영화뿐 아니라 뉴스나 사건을 공부와 연관해서 해석하는 부모들의 능력은 대단하다. 마치 한 조각의 빛마저도 빨아들여버리는 블랙홀과 같다. 자기가 보는 모든 것을 공부와 연관시키려 노력한다. KTX를 타러 서울역에 가는 길에 아이와 함께 가던 여성이 길가의 노숙자를 보고 하는 말을 들었다. "너 공부 안 하면 저렇게 되니까 열심히 해야 돼." 그 노숙자가 여기에 있을 수밖에 없는 사회구조적 문제, 사회 안전망과 복지에 대한 이야기까지는 아니더라도, 공감과 연민의 마음은 이야기해줘야 하지 않나 싶었는데, 역시나 결론은 공부였다.

우리 사회에서 공부는 모든 문제의 중심축이 되고 있다. 공부를 위해 90퍼센트 이상의 에너지를 쏟아붓고, 더 나아가 생각의 틀이 모두 공부를 중심으로 획일화된 상태다. 그러다 보니 아이를 대학에 보낸 다음에도 그런 생각의 틀은 유지된다. 뭐든지 모르는 것은 학원에 가야 하고, 설명회에 참석하고, 시험으로 평가하기를 원한다. 공부가 삶의 틀까지 지정해버린 것이다. 책으로 배울 수 없고, 몸으로 부딪혀야만 익힐 수 있는 것도 학원에서 선생이 효율적으로 집어주기를 원한다. 부모는 결혼을 잘 시킬 방법에 대해 결혼정보업체에서 강의를 듣는다. 삶의 틀이 정해지니 대안을 찾는 것이 고작 더 좋은 학원을 찾는 것이지 완전히 다른 틀에서 생각할 엄두를 내지 못한다.

공부의 블랙홀에 빠진 부모는 공부에 중독된 아이를 만들고, 그 아이들이 사회에 나온다. 공부 백 퍼센트짜리 순도 높은 존재일 뿐, 사회성, 공감능력, 유연성 같은 요소는 상대적으로 결핍된 상태다. 공부로 승부하는 나이는 이십대 중반까지이고 그 후에는 다른 요소들이 더 중요할 수 있는데, 이 요소들이 모자라다고 느끼면 역시 공부를 통해 해결할 수 있다고 여기며 책과 학원을 찾으니 기가 찰 노릇이다. 이런 악순환에 빠져 있는 것이 지금 우리 사회다. 공부라는 블랙홀이 학교를 넘어서 사회와 인생을 빨아들이고 있다.

이 대담은 이런 문제의식에서 시작했던 것이다. 엄기호 선생과 대담을 하면서 많은 것을 배울 수 있었다. 사회학자이자 교육 현장에서 교사들과 많은 소통을 하고 있는 엄 선생님의 넓은 시야와 날카로운 문제의식을 만나면서 한편으로 내가 진료실에서 상담을 하면서 겪은 개인적 경험이 충분히 보편화할 수 있는 것이라는 확신을 가질 수 있었다. 우리 사회가 공부라는 블랙홀에 빠져 있다는 확신 말이다.

이 블랙홀은 공부와 교육뿐 아니라 거의 모든 영역의 사회

문제들을 빨아들일 정도의 강력한 흡입력을 갖고 있었다. 대담을 하면서 그렇다면 어떻게 하는 것이 좋을까 고민이 되었다. 자칫 분석만 있고 대안은 없는 대담이 될 수도 있으니까.

사회구조나 교육 시스템의 극적인 변화 없이는 안 된다는 것은 누구나 얘기할 수 있는 처방이다. 그러나 나는 지금 공부라는 블랙홀이 그 힘을 갖고 개인의 삶을 지배하고 있는 한은 아무리 최선의, 이상적인 솔루션을 내놓는다고 해도 다시금 문제가 발생할 것이라 생각한다. 지나치게 비관적인 추정일지 모른다. 그러나 지금껏 나온 교육 문제 처방전들이 그랬듯이 결국 거기에 적응해서 다시금 줄세우기와 경쟁으로 이어지는, 현재의 공부 환경에 맞는 시스템으로 안착할 가능성이 더 많다. 아무리 혁명적이고 과격한 처방이 나온다고 해도 그 안에 있는 사람의 '마음'이 바뀌지 않는 한 변화는 일어나지 않는다고 생각한다.

이상적이고 거대한 담론, 개혁적 제안을 하기란 상대적으로 멋지고 쉬운 일이다. 그러나 더 중요한 것은 공부에 중독된 한국인이 그 독 때문에 내 인생뿐 아니라 자식의 인생도 망가뜨리고, 더 나아가 사회구조까지도 동력을 잃어버리게 하고 있다는 것을 인식하는 것이 먼저다. 그리고 그 길로 아무리 노력하고, 아무리 성실하게 열심히 한다고 해도 끝에는, 젖과 꿀이 흐르는 땅이 올 것이라 믿고 싶지만, 이 대담에서 누누이 반복했듯이 그럴 확률은 급격히 작아진 것이 현재 우리 사회다. 모두가 "미쳤어", "이건 아니야"를 외치면서도 그 트랙에서 벗어나지 못하는 이유는 '아는 도둑질이 이것뿐'이라는 점도 있고, 나만 혼자 빠져나갔다가 혼자서만 불리해질 것이라는 두려움이 강하기 때문이다. 사회적 이슈로 비판을 하면서도 정작 내 아이라는 개인의 문제가 되는 순간 이전의 합리적 상식은 더 이상 작동하지 않고 멈춘 채 하던 대로 하고 있다는 것이다.

이 대담을 시작으로 한 명이라도 더 이 게임에서 벗어날 수 있는 생각의 전환과 용기의 불씨를 가질 수 있기를 바란다. 공부 중독에서 벗어나 다른 트랙에 선 사람이 늘어날수록 공부라는 블랙홀의 중력장은 힘을 잃을 것이다. 차곡차곡 쌓여서 어느 순간 임계점을 넘어설 정도의 참여자가 모이고 나면, 블랙홀은 그 위력을 잃고 사라져버릴 것이라 기대하고 희망한다. 그런 준비가 먼저 된 다음에야 비로소 새로운 교육 시스템이 아이와 부모 모두, 더 나아가 사회가 건강해질 수 있게 실제적인 작동을 할 수 있을 것이다. 그런 면에서 이 대담집이 우리 사회에서 공부와 교육에 대해서 고민하는 분들에게 합리적인 진단과 실천 방안에 대한 현실적인 판단의 계기가 되기를 바란다.

공부 중독

초판 1쇄 2015년 12월 2일
초판 11쇄 2022년 7월 10일

지은이   엄기호, 하지현
편집   이재현, 조소정, 조형희
펴낸곳   위고
출판등록   2012년 10월 29일 제406-2012-000115호
주소   경기도 파주시 회동길 290 206-제5호
전화   031-946-9276
팩스   031-946-9277
제작   세걸음

© 엄기호·하지현, 2015

ISBN 979-11-86602-09-6 03300

hugo@hugobooks.co.kr